数字经济时代资本有机构成新变化与就业新格局

曾显荣　涂书涛◎著

西南财经大学出版社
Southwestern University of Finance & Economics Press
中国·成都

图书在版编目(CIP)数据

数字经济时代资本有机构成新变化与就业新格局/曾显荣,涂书涛
著.—成都:西南财经大学出版社,2023.11
ISBN 978-7-5504-5943-4

Ⅰ.①数… Ⅱ.①曾…②涂… Ⅲ.①资本—关系—就业—研究
Ⅳ.①F014.39②F241.4

中国国家版本馆 CIP 数据核字(2023)第 181057 号

数字经济时代资本有机构成新变化与就业新格局
SHUZI JINGJI SHIDAI ZIBEN YOUJI GOUCHENG XINBIANHUA YU JIUYE XINGEJU

曾显荣　涂书涛　著

责任编辑:廖术涵
责任校对:周晓琬
封面设计:墨创文化
责任印制:朱曼丽

出版发行	西南财经大学出版社(四川省成都市光华村街55号)
网　　址	http://cbs.swufe.edu.cn
电子邮件	bookcj@swufe.edu.cn
邮政编码	610074
电　　话	028-87353785
照　　排	四川胜翔数码印务设计有限公司
印　　刷	四川五洲彩印有限责任公司
成品尺寸	170mm×240mm
印　　张	11.25
字　　数	230 千字
版　　次	2023 年 11 月第 1 版
印　　次	2023 年 11 月第 1 次印刷
书　　号	ISBN 978-7-5504-5943-4
定　　价	88.00 元

前言

习近平总书记在主持中共中央政治局就马克思主义政治经济学基本原理和方法论进行第二十八次集体学习时，强调："要立足我国国情和我国发展实践，揭示新特点新规律，提炼和总结我国经济发展实践的规律性成果，把实践经验上升为系统化的经济学说，不断开拓当代中国马克思主义政治经济学新境界。"虽然马克思的资本有机构成与相对过剩人口理论创立于150多年前，当今中国乃至世界形势与马克思所处时代相比已发生很大变化，但是其基本理论对研究我国新时代新征程上的就业问题仍然具有现实的指导意义。

数字经济使我国社会经济方式和生活方式发生了巨大变革，产业结构正在进行数字化智能化转型。大数据、云计算、人工智能技术对资本有机构成的影响不再呈现线性关系，不同产业内科技的进步可能使资本有机构成趋向提高，也可能带来其他相反的结果。资本有机构成在第一产业和第二产业内呈现明显的上升趋势，但是在第三产业内变化较小。马克思关于不变资本和可变资本的外延需要拓展，资本有机构成变动特征需要重新审视，就业与失业分类也需要细化。

研究表明，适度规模经营的智慧农业初步形成，对劳动力需求不但相对地减少，而且绝对地减少。在对传统制造业进行数智化改造过程中，资本有机构成上升较快，先进机器设备排挤劳动力的现象更明显。

高技术制造业对劳动力需求的相对减少和绝对增加并行不悖。第三产业中的传统服务业由于数字化赋能资本有机构成显著上升，对低端劳动力吸纳能力下降；现代生产性服务业和生活性服务业数字技术和智能知识密集，加之共享经济发展，资本有机构成提升缓慢甚至会出现短期下降趋势，对高端劳动力有较强的吸纳能力。在我国"民工荒"与大学毕业生"就业难"并存的情况下，研究数字经济时代资本有机构成的新变化对就业的差异化影响，寻找一条破解我国结构性就业矛盾的路径具有重要意义。

本书所研究内容也是我们在研究和写作 2018 年国家社科基金项目"人工智能产业发展的就业效应及对策"研究报告时着重思考的问题之一，就是力图从马克思主义政治经济学的视角剖析以人工智能为核心的数字技术对资本有机构成的影响及对我国就业的冲击。

感谢西南财经大学出版社领导和编辑部老师的大力支持和关心！

由于笔者才疏学浅，在相关领域里所做的研究中，难免存在很多不足之处，敬请专家和读者海涵，并不吝赐教。

曾显荣　涂书涛

2023 年 10 月

目录

导论

对技术创新与就业增长之间的关系的研究受到学界的广泛关注。新熊彼特经济学认为，发达经济正经历一个以信息与通信技术为基础的新技术经济范式的诞生。如此强有力的技术变革对就业的变化会产生双重影响，一方面技术进步在促进新兴产业发展和新产品销售的同时，会创造大量的工作岗位，产生就业补偿效应；另一方面技术进步能够提高产品生产率，淘汰落后产能，减少大量低技能型工作岗位，产生就业替代效应。从长远来看，技术创新并不会引起大规模的失业现象，西方发达国家的发展历程就可以证明；但短期内，技术创新对就业变化的影响如何，我们并不确定。不同的技术创新方式通过不同的就业关联机制也会产生不同的就业效应。

一、研究的目的和意义

虽然马克思的失业理论创立于150多年以前，而且当今中国乃至世界形势与马克思所处时代的形势相比，已发生很大变化，但是其失业理论对当前我国的失业问题尤其是技术性失业仍然具有现实的指导意义。习近平总书记曾经深刻地指出："有人说，马克思主义政治经济学过时了，《资本论》过时了。这个说法是武断的。远的不说，就从国际金融危机看，许多西方国家经济持续低迷、两极分化加剧、社会矛盾加深，说明资本主义固有的生产社会化和生产资料私人占有之间的矛盾依然存在，但表现形式、存在特点有所不同。"可以说，环顾当前各种思想流派，只有《资本论》能够帮助我们洞察当今错综复杂的经济问题，找到应对的武器。

学术价值：适应坚持和发展中国马克思主义政治经济学基本理论的需要。在主持中共中央政治局就马克思主义政治经济学基本原理和方法论进行的第二十八次集体学习时，习近平总书记强调："要立足我国国情和我国发展实践，揭示新特点新规律，提炼和总结我国经济发展实践的规律性成果，把实践经验上升为系统化的经济学说，不断开拓当代中国马克思主义政治经济学新境界。"马克思关于资本有机构成提高导致相对过剩人口增加的基本理论是正确的，应该坚持。当然，马克思的相对过剩人口理论也需要在实践中丰富和发展。数字经济使我国的社会经济方式和生活方式发生了巨大变革，马克思关于不变资本和可变资本的外延需要拓展，资本有机构成变动特征需要重新审视，相对过剩人口分类需要细化，无产阶级贫困化思想需要新认识。马克思的资本有机构成提高的规律在当今数字经济发展背景下发生了深刻变化，大数据、云计算、人工智能技术对资本有机构成的影响不再呈现线性关系，不同产业内科技的进步也不仅仅使得资本有机构成趋向提高，而可能带来其他的结果。资本有机构成在第一产业和第二产业内呈现明显的提高趋势，但是在第三产业内变化较小，尤其是2012年之后呈现波动式下降趋势。资本有机构成在产业之间不同的变化趋势对就业的影响也不同。资本有机构成的新趋势既影响就业数量又影响就业质量，有效解决就业问题需要根据资本有机构成新变化的趋势和特点进行统筹谋划，制定精准的"差异化"就业政策。

应用价值：随着数字技术迅猛发展，数字经济蓬勃兴起并深度融入经济社会发展的方方面面，成为拉动经济增长、缓解经济下行压力、带动经济复苏的关键抓手，进而成为未来国际竞争与合作的重要领域、引领产业变革的重要动力。"十四五"规划和2035年远景目标纲要提出：发展数字经济，推进数字产业化和产业数字化，推动数字经济和实体经济深度结合，打造具有国际竞争力的数字产业集群。加强数字社会、数字政府建设，提升公共服务、社会治理等数字化智能化水平。国务院关于印发《"十四五"数字经济发展规划的通知》提出：到2025年，数字经济迈向全面扩展期，数字经济核心产业增加值占GDP比重达到10%，数字化创新引领发展能力大幅提升，智能化水平明显增强，数字技术与实体经济融合取得显著成效，数字经济治理体系更加完善，我国数字经济竞争力和影响力稳步提升。这是立足我国数字经济发展现实基础和现有条件作出的重要部署，为我国更好地发展数字经济指明了方向。

经过持续发展，我国依托超大规模的国内市场、庞大的网民规模和活跃的创新创业生态，迅速成为全球数字经济发展的主要引领者。即使是在极不容易的 2020 年，我国数字经济依然保持 9.7% 的高位增长，成为稳定经济增长的关键动力。其中，数字化消费成为拉动经济增长的重要引擎，2020 年，全国电子商务交易额达到 37.21 万亿元，"十三五"时期年均增长率为 11.6%；工业化与数字化加快融合，截至 2020 年 6 月，全国制造企业生产设备数字化率达 48.7%、数字化研发设计工具普及率达 71.5%、关键工序数控化率达 51.1%；数字基础设施建设成果显著，我国 4G 用户已达 12.9 亿户，5G 网络也在加速形成。

我国目前处于工业化的中后期阶段，产业结构正在转型升级。农业的适度规模经营初步形成，对劳动力需求不但相对地减少，而且绝对地减少。在传统产业进行去产能的过程中，资本有机构成上升较快，先进机器设备排挤劳动力的现象更明显。高技术产业对劳动力需求的相对减少和绝对增加并行不悖。第三产业中的传统服务业资本有机构成低，对低端劳动力有较强吸纳能力；现代生产性服务业和生活性服务业技术和知识密集，资本有机构成提升缓慢甚至出现短期下降趋势，对高端劳动力有较强的吸纳能力。在我国"民工荒"与大学毕业生"就业难"并存的情况下，研究数字经济时代资本有机构成的新变化对就业的差异化影响，寻找一条破解我国结构性就业矛盾的最佳路径具有重要意义。

二、研究内容

（一）研究对象

本书以数字经济时代资本有机构成新变化对就业的影响作为研究对象，运用实证分析与规范分析相结合的方法探索了数字经济下资本有机构成变化的新趋势，进而分析资本有机构成新变化对传统行业和新业态就业的差异化影响，力图为数字经济发展与就业增长协同机制构建提供合理化建议。

（二）总体框架

围绕研究对象，本书的基本框架设计如下：

1. 科学地理解马克思相对过剩人口理论的基本思想。资本有机构成变化影响就业的内生机理主要来自马克思的相对过剩人口理论。一方面，马克思认为，资本积累会促进技术进步，技术进步会使资本有机构成提高，随着资本有机构成提高，可变资本部分相对减少，对劳动力的需求相对甚至绝对减少，必然产生相对过剩人口，导致无产阶级贫困化。另一方面，马克思也承认，由于产业之间的关联效应，技术进步和资本有机构成提高，并不排斥可变资本和劳动力需求绝对量增加。所以，对马克思的相对过剩人口理论基本思想，则要运用唯物辩证法观点科学对待，不能曲解。

2. 分析数字经济时代我国资本有机构成变化的新趋势及其成因。在经济新常态下，由于实施信息化、智能化、节能减排和人力资源战略，战略性新兴产业中不变资本的使用得到节约，而人力资本的地位不断得到提升，资本有机构成的上升速度慢且水平低，甚至会出现短期的下降趋势，对高端劳动力的吸纳能力增强。

3. 探讨资本有机构成新变化对行业就业的差异化影响。首先，发展现代农业可以创造新的就业岗位。通过发展现代农场，实施适度规模化经营和集约经营，必然引起劳动力需求绝对减少。同时，农村三产融合的产业关联效应又创造了一些新的就业岗位。其次，在淘汰落后和过剩产能的过程中，可变资本相对甚至绝对减少，对低端劳动力的需求绝对减少，毁灭了部分传统就业岗位。同时，随着互联网的进一步深入，"软性制造"、工业互联、绿色制造等成为制造业发展的新潮流。集技术密集型和资本密集于一身的高端制造业，资本有机构成上升速度慢，对人力资本的素质要求高、需求量大。最后，技术和知识密集的战略性新兴服务业发展对高层次人力资本的需求量大，形成新的就业增长点。

4. 阐明资本有机构成新变化对解决我国结构性就业矛盾的积极作用。"中国制造 2025 规划"力求推进信息化与工业化深度融合，推进制造过程智能化。智能化生产能够减少对低端劳动力的需求，有助于缓解"民工荒"问题。技术创新驱动、现代服务业发展创造了更多的技术密集型和知识密集型的就业岗位，能够在产业价值链的高端吸纳大量高素质的大学生就业，可以破解大学生"就业难"困局。互联网的应用为"大众创新，万众产业"的搭建起了重要平台。高端劳动密集型小微企业如设计、法律、会计、咨询、计算机服务等，成为高层次人才集聚高地。

5. 构建基于数字技术创新的资本结构与就业结构协同优化机制。坚定不移地实施创新驱动的发展战略，选择科学的技术升级路径。根据产业发展需要发展职业教育，培训与工作岗位匹配的技能人才，畅通劳动力由传统行业向新兴行业的转移渠道。

（三）重点难点

1. 研究重点

（1）数字经济时代马克思不变资本和可变资本内涵的拓展；

（2）数字经济时代资本有机构成变化的新趋势及成因；

（3）高技术制造业和新兴服务业资本有机构成变动的特点及其对就业的差异化影响。

2. 研究难点

（1）根据现有的行业数据和企业财务指标，很难准确地计算出不变资本的数据。因为流动资产包括应收账款、半成品和库存产成品，不同于马克思流动资本的内涵，因此，只能用行业固定资产总额与行业工资总额的比值，近似地反映资本有机构成的水平。

（2）目前国家统计局的统计体系不尽完善，对新行业和新业态统计数据欠缺，很难准确地对新业态的资本有机构成和就业效应进行定量分析。

（四）主要目标

厘清资本有机构成的新内涵，探讨数字经济时代资本有机构成新变化的成因、特点和趋势，结合三次产业分析资本有机构成新变化对就业的差异化影响，阐明创新驱动发展战略背景下资本有机构成新变化对化解我国结构性就业矛盾的积极作用。

三、思路方法

（一）研究的基本思路

本书研究以马克思主义相对过剩人口理论为主线，以数字技术创新驱动作为出发点，分析了数字经济下资本有机构成新变化对不同行业就业的差异化影响，从而探索出破解我国结构性就业矛盾的可行性路径。研究思路和研究方法如图 0-1 所示。

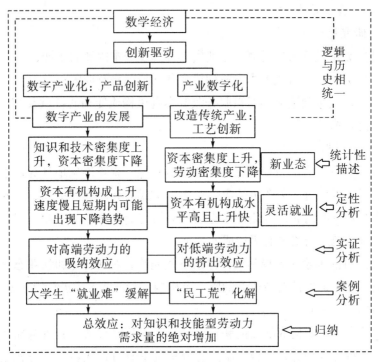

图 0-1　研究思路和研究方法

数字经济包括两个方面：数字产业化和产业数字化。制造数字产品的数字产业化属于产品创新。产品创新形成新的产业链和就业链，高技能劳动密集度上升，资本密集度下降，增加了对高端劳动力的需求，有助于解决大学生"就业难"的问题。改造传统产业的产业数字化属于工艺创新。对传统产业智能化改造引致资本密集度上升、劳动密集度下降，资本有机构成水平高且上升快，对低端劳动力产生的挤出效应，这种互补式的替代有助于解决"民工荒"。由应用平台衍生的平台经济，属于组织创新。这些新业态具有资本有机构成低、就业门槛低、就业空间大、就业弹性大等特点，有助于拓展灵活就业渠道。

本书共分为八章。第一章勾勒出马克思资本有机构成与就业理论基本框架。第二章梳理了马克思资本有机构成与就业理论有关争论。第三章介绍了数字经济时代资本有机构成的新变化。第四章分析了资本有机构成新变化的就业效应。第五章分析了数字农业就业人数的绝对减少。第六章探讨了数字制造与工业就业占比的持续下降。第七章剖析了服务数字化与就业新空间拓展。第八章提出了实施就业优先的数字经济发展战略。

（二）具体研究方法

1. 比较制度分析法

这种方法是对我国与发达国家、其他新兴经济体之间资本有机构成数据进行比较，探索新经济时代国际范围内资本有机构成变化的大趋势。同时，对我国三次产业及各行业的资本有机构成数据进行比较。

2. 抽象与具体相统一

马克思的相对过剩人口理论是分析就业问题贯穿的主线，西方学者的失业理论是分析我国就业问题的辅助工具。同时，我们又从我国供给侧改革和数字经济发展的实际出发，从马克思资本有机构成基本理论视角寻找我国目前破解"民工荒"与大学生"就业难"这一结构性就业矛盾的最佳路径。

3. 逻辑与历史相统一

在分析数字经济对资本有机构成影响和资本有机构成新变化对不同行业就业影响时，要做到逻辑与历史分析方法有机统一。既进行严谨的逻辑推导，构建系统的知识框架，又联系到改革开放 40 多年来的实际，探讨不同发展阶段资本有机构成新变化及其对劳动力吸纳能力的差异。

4. 规范分析与实证分析相结合的方法

在分析我国数字经济资本有机构成对就业的差异化影响时，既对我国数字经济下资本有机构成变动态势及其对就业的影响进行定性分析，又根据从行业统计年鉴和国家各官方网站所收集的有关数据进行定量分析。根据我国数字经济发展、资本有机构成和就业数据，运用最小二乘回归、静态和动态面板数据、门槛效应、倾向所得匹配等实证分析方法，探讨三者之间的联系并得出客观结论。

四、创新之处

（一）学术观点创新

1. 数据资源作为一种新的生产要素属于不变资本

在数字经济时代，数据作为一种新的生产要素，只是在生产过程中把自身价值转移到新的商品和服务中去，而不能使价值增值。

2. 发展数字经济追加可变资本形成的劳动力是异质的

传统经济理论把劳动力假定为同质的，实际上在数字经济时代，劳动者拥有的人力资本存在重大差异，资本有机构成的提高排挤的是低端劳动力，吸纳的是高端劳动力。

3. 数字经济发展与资本有机构成提高、就业之间呈非线性关系

数字经济时代资本有机构成在长期内存在上升趋势，在短期内存在不确定性，甚至下降趋势。社会生产的信息化是以信息、知识、技术为核心的全新的生产方式，摆脱了对传统的物质资源的依赖，使得单位产品中实物价值的比重出现波动和下降。并且，在新经济时代，劳动力价值大幅度提高，人力资本在总资本中的比重越来越高，从而导致资本有机构成出现短期波动和下降的情形。

（二）研究方法创新

1. 历史分析法

对于数字经济时代资本有机构成变化情况的计算都是基于历史数据，尤其是中国统计年鉴、中国劳动统计年鉴、中国固定资产投资统计年鉴显示的 2013 年后的数据。

2. 适当地运用了数理分析工具

在分析资本有机构成与就业的关系时，我们适当地运用了数理分析工具：运用求偏微分方法推导出劳动力的需求量随着总资本的增长而递减的结论；运用协整系数测度数字技术进步、资本有机构成与就业之间演进的非协同性；运用结构偏离度、就业弹性和最小二乘回归分析等多种分析方法，从不同的角度对数字经济渗透率对我国三次产业及内部各行业劳动者的吸纳能力差异性进行定量分析。

第一章 资本有机构成与就业理论基本框架

第一节 资本有机构成与就业理论的基本内容

马克思在《资本论》第一卷第二十三章"资本主义积累的一般规律"中对资本主义条件下相对过剩人口理论进行了系统的集中阐述，它从资本有机构成及其提高的趋势出发，说明了资本对劳动力需求的影响，阐述了相对过剩人口的内涵、产生的原因、作用和形式。

一、资本积累必然引起资本有机构成的提高

1. 资本有机构成的含义

资本构成的含义可以用三个概念来表述：资本技术构成、资本价值构成和资本有机构成。马克思认为："资本构成要从双重的意义上来理解。从价值方面来看，资本的构成是由资本分为不变资本和可变资本的比率，或者说分为生产资料的价值和劳动力的价值即工资总额的比率来决定的。从在生产过程中发挥作用的物质方面看，每一个资本都分为生产资料和活的劳动力；这种构成是由所使用的生产资料量和为使用这些生产资料而必需的劳动量之间的比率决定的。前一种构成叫作资本的价值构成，后一种构成叫作资本的技术构成。由资本技术构成决定并且反映技术构成变化的资本价值构成，叫作资本的有机构成。"[1]

---

① 马克思. 资本论：第一卷 [M]. 北京：人民出版社，2004：707.

2. 资本积累引致资本有机构成提高

马克思阐述了劳动生产率提高对资本积累和资本有机构成的影响："一旦资本主义制度的一般基础奠定下来，在积累过程中就一定会出现一个时刻，那时社会劳动生产率的发展成为积累最强有力的杠杆。"[①] "劳动生产率的增长表现为劳动的量比它所推动的生产资料的量相对减少。资本技术构成的这一变化，即生产资料的量比推动它的劳动力的量相对增长，又反映在资本的价值构成上，即资本价值的不变组成部分靠减少它的可变组成部分而增加。"[②] "特殊的资本主义生产方式随着资本积累而发展，资本积累又随着特殊的资本主义生产方式而发展。这两种经济因素由于这种互相推动的复合关系，引起资本技术构成的变化，从而使资本的可变组成部分同不变组成部分相比越来越小。"[③] 这就论证了在资本主义下，劳动生产率的提高必然促进资本积累的增加，从而引起资本有机构成的提高。

二、资本有机构成提高必然产生相对过剩人口

马克思认为资本有机构成提高会引起资本对劳动力需求减少，形成相对过剩人口。他指出："因为对劳动的需求不是由总资本的大小决定的，而是由总资本中可变组成部分的大小决定的，所以它随着总资本的增长而递减，而不像以前假定的那样，随着总资本的增长而按比例增加。对劳动的需求，同总资本量相比相对地减少，并且随着总资本量的增长以递增的速度减少。"[④] "资本主义积累不断地并且同它的能力和规模成比例地生产出相对的，即超过资本增殖的平均需要的，因而是过剩的或追加的工人人口。"[⑤] 这就阐明了资本有机构成提高必然引起资本对劳动力需求的减少：一是追加资本对劳动力需求相对减少；二是原有资本更新对劳动力需求绝对减少；三是技术进步，资本有机构成提高，使操作简单化，大量的女工、童工加入雇佣工人队伍，破产的资本家、商品生产者、农民也都涌向劳动力市场，成为劳动力的供给者，使劳动力的供给大幅度增加，这就必然出现劳动力供过于求，一部分人找不到工作，形成相对过剩人口。"因

---

① 马克思. 资本论：第一卷 [M]. 北京：人民出版社，2004：717.
② 马克思. 资本论：第一卷 [M]. 北京：人民出版社，2004：718.
③ 马克思. 资本论：第一卷 [M]. 北京：人民出版社，2004：721.
④ 马克思. 资本论：第一卷 [M]. 北京：人民出版社，2004：725.
⑤ 马克思. 资本论：第一卷 [M]. 北京：人民出版社，2004：726.

此，工人人口本身在生产出资本积累的同时，也以日益扩大的规模生产出使他们自身成为相对过剩人口的手段。这就是资本主义生产方式所特有的人口规律，事实上，每一种特殊的、历史的生产方式都有其特殊的、历史地发生作用的人口规律。抽象的人口规律只存在于历史上还没有受过人干涉的动物世界。"[1] 相对过剩人口是资本主义积累的必然产物。

三、相对过剩人口的各种存在形式

相对过剩人口有几种存在形式：

1. 流动的过剩人口

关于流动的过剩人口，马克思指出，在采矿厂、冶金厂、机器制造厂，工人时而被排斥，时而在更大规模上被吸引，就业人数是绝对增加的，但是，由于资本有机构成的不断提高，增加的比率同生产规模相比不断缩小[2]。对此，马克思在进行失业问题的内在机理分析时也指出，在现代工业生产组织中，工人时而被排斥，时而被大规模地吸引。因此，总的来说就业人数是增加的，虽然增加的比率同市场规模相比不断缩小。同一种机器产品，总是比被它排挤的同种手工产品便宜，因此，如果机器生产的物品总量同它所替代的手工业或工场手工业生产的物品总量相等，那么，所使用的劳动量就要减少，而生产机器所需要的劳动量的增加额，同使用机器而引起的劳动量的减少额相比，必然减少；否则，机器产品的价值量就会同手工产品的价值量一样，或者高于手工产品的价值量[3]。然而事实是，人数减少后的工人所生产的机器产品的总量不是不变，而是远远超过被排挤的手工业产品的总量。因此，原料的生产和劳动资料的生产都必然会增加，从而就业工人人数也随之会增加，至于增加多少，在其他条件不变的情况下，主要取决于这些生产部门的资本有机构成。但是，由于这些部门资本有机构成提高的速度较快，从而使工人增加的比率同生产规模相比不断缩小。

2. 潜在的过剩人口

资本主义一旦占领农业，对农业工人人口的需求就随着在农业中执行职能的资本积累而绝对地减少；而且对人口的这种排斥不像在非农业的产

---

① 马克思. 资本论：第一卷 [M]. 北京：人民出版社，2004：728.

② 马克思. 资本论：第一卷 [M]. 北京：人民出版社，2004：738.

③ 马克思. 资本论：第一卷 [M]. 北京：人民出版社，2004：509.

业中那样，会由于大规模的吸收而得到补偿。因此，一部分农村人口经常准备着转入城市。这种被排斥的农村人口处于潜在的失业状态。对此，马克思在进行失业问题的内在机理分析时也指出，英国机器棉纺织业的飞速发展极大地促进了美国的植棉业，但是，这导致农村人口大量被驱逐和过剩，从而形成潜在的失业人口①。

3. 停滞的过剩人口

马克思指出，这部分人口的数量随着机器大工业的推进而造成的过剩工人的增长而增加，它主要是从没落的手工业生产和工场手工业生产部门补充②。对此，马克思在进行失业问题的内在机理分析时也指出，机器纺纱厂提供的棉纱又多又便宜，使得手工织布工场最初不用增加开支就可以开全工，于是手工工人纷纷拥向棉纺织业，直到最后，被纺纱机器召唤出来的手工纺纱工人又被纺织机器挤垮；同样，由于机器生产的衣料充足，手工男女裁缝和手工缝纫女工等的人数也不断增加，直到最后，缝纫机又把这些手工工人的大部分排挤掉。这类过剩人口形成现役劳动军的一部分，但其就业极其不规则。因此，它为资本提供了一个储存着可支配劳动力的取之不竭的蓄水池。它的劳动特点是劳动时间最长工资最低③。

关于相对过剩人口的最底层，马克思指出，他们是需要救济的赤贫，他们形成产业后备军的死荷重和现役劳动军的残疾院④。对此，马克思在进行失业问题的内在机理分析时也指出，在机器逐渐地占领某一生产领域的地方，它给同它竞争的手工工人阶层造成慢性的贫困，在这一过度迅速进行的地方，机器的影响则是急性的和广泛的，这些慢性贫困者和急性死亡者构成相对过剩人口的最底层。

四、相对过剩人口的存在是资本主义再生产顺利进行的条件

马克思的相对过剩人口理论认为相对过剩人口的存在对于资本主义生产来说是必要的和有利的。马克思指出："过剩的工人人口是积累或资本主义基础上的财富发展的必然产物，但这种过剩人口反过来又成为资本主

---

① 马克思. 资本论：第一卷 [M]. 北京：人民出版社，2004：739-740.

② 马克思. 资本论：第一卷 [M]. 北京：人民出版社，2004：740.

③ 马克思. 资本论：第一卷 [M]. 北京：人民出版社，2004：740.

④ 马克思. 资本论：第一卷 [M]. 北京：人民出版社，2004：742.

义积累的杠杆，甚至成为资本主义生产方式存在的一个条件。"① 这种必要性和有利性首先体现在相对过剩人口的存在可以促进资本积累。关于这一点马克思写道：工人阶级的一部分从事过度劳动迫使它的另一部分无事可做，反过来，它的一部分无事可做迫使它的另一部分从事过度劳动，这成了各个资本家致富的手段，同时又按照与社会积累的增进相适应的规模加速了产业后备军的生产②。其次体现在相对过剩人口的存在可以适应资本主义生产周期波动的需要，现代工业特有的生活过程是由中等活跃、生产高度繁忙、危机和停滞这几个时期构成的，穿插着较小波动的十年一次的周期形式，就是建立在产业后备军或过剩人口的不断形成、或多或少地被吸收，然后再形成这样的基础之上的。对于资本主义生产来说，人口自然增长所提供的可供支配的劳动力数量是绝对不够的，为了能够自由地活动，它需要有一支不以这种自然限制为转移的产业后备军。

五、资本主义积累的一般规律

资本主义积累的一般规律可以表述为：社会的财富即执行职能的资本越大，它的增长的规模和能力越大，从而无产阶级的绝对数量和它们的劳动生产力越大，产业后备军业就越大。可供支配的劳动力同资本的膨胀力一样，是由同一原因发展起来的。因此，产业后备军的相对量和财富的力量一同增长。但是，同现役后备军相比，这种后备军越大，常备的过剩人口也就越多，他们的贫困同他们所受的劳动折磨成反比。最后，工人阶级中贫苦阶层和产业后备军越大，官方认为需要救济的贫民也就越多。这就是资本主义积累的绝对的、一般的规律③。资本主义积累的一般规律的结果，必然造成无产阶级相对贫困。在资本主义体系内部，一切提高劳动生产率的方法都是靠新生工人来实现的；一切发展的手段都变成统治和剥削生产者的手段，使工人畸形发展，贬低为机器的附属品，使工人的劳动条件变得恶劣，从而受劳动的折磨。由于一切生产剩余价值的方法，同时就是资本积累的方法，而积累反过来成为发展这些方法的手段，所以，不管工人报酬的高低，工人的状况必然随着资本的积累而日趋恶化。

---

① 马克思. 资本论：第一卷 [M]. 北京：人民出版社，2004：728.
② 马克思. 资本论：第一卷 [M]. 北京：人民出版社，2004：733.
③ 马克思. 资本论：第一卷 [M]. 北京：人民出版社，2004：742.

第二节　全面把握资本有机构成与就业理论

一、对马克思相对过剩人口理论不能片面理解

（一）短期内资本有机构成变动方向存在不确定性

资本积累必然引起资本有机构成提高，从而使资本的可变组成部分同不变组成部分相比越来越小。这是资本有机构成变动的大趋势，但在短期内资本有机构成方向存在不确定性，因为在短期内存在阻碍资本有机构成提高的一系列因素。马克思在《资本论》第三卷第一篇第五章《不变资本使用上的节约》中讲了四个原因：靠牺牲工人实现的劳动条件的节约；动力生产、动力传送和建筑物的节约；生产排泄物的利用；由于发明而产生的节约[①]。

（二）资本有机构成的提高并不排斥对劳动力需求的绝对增加

资本有机构成的提高，使资本对劳动力的需求相对减少，但并不排斥可变资本以及工人就业量的绝对增加。

1. 资本有机构成提高，能带来就业量绝对数的增加

资本有机构成提高，能创造更多的利润和剩余产品，有利于增加积累，从而实现扩大再生产，即使资本对劳动力需求相对减少，但却能带来可变资本以及工人就业量的绝对增加。资本有机构成的提高，使资本对劳动力的需求相对减少，但并不排斥可变资本以及工人就业量的绝对增加。马克思指出，"积累的增进虽然使资本可变部分的相对量减少，但是决不因此排斥它的绝对量的增加"[②] "就业工人人数的相对减少和绝对增加是并行不悖的"[③]。因为有机构成是个相对指标，只能反映劳动力需求的相对数而不是绝对数，因此，只要积累规模增长的幅度超过有机构成提高排斥劳动力的幅度，就能增加就业工人的数量。

2. 社会资本有机构成提高能扩大再生产的规模，带来就业量的增长

社会资本有机构成提高，意味着劳动生产率普遍提高，使一定价值或

---

① 马克思. 资本论：第三卷 [M]. 北京：人民出版社，2004：91-119.
② 马克思. 资本论：第一卷 [M]. 北京：人民出版社，2004：719.
③ 马克思. 资本论：第一卷 [M]. 北京：人民出版社，2004：692.

剩余价值体现在更多的产品上，使生产资料和生活资料变得便宜，能为扩大再生产提供更多的物质资料，从而有利于扩大就业规模。一方面，同一不变资本价值可以体现在更多的生产资料上，即体现在更多的劳动资料、劳动材料和辅助材料上，从而会提供更多的形成产品和价值的要素，或者说，提供更多的吸收劳动的要素。因此，在追加资本的价值不变甚至降低的情况下，积累仍然可以加快。另一方面，劳动生产率的提高，使生活资料价格便宜，同一可变资本可以推动更多的劳动力。劳动生产率提高之后，商品的价值降低使维持劳动力所必需的生活资料的价值也降低了，工人变得便宜，从而剩余价值的增加，是同劳动生产率的提高同步的。马克思在考察影响资本积累的因素时指出：随着劳动生产力的提高，一定量剩余价值的产品量也会提高。在剩余价值率不变甚至下降，但其下降比劳动生产力的提高缓慢的情况下，剩余产品量也会增加。因此，在剩余产品分为收入和追加资本的比例保持不变的情况下，资本家的消费可以增加，而积累基金并不减少。这样，就会扩大社会再生产的规模，增加更多的就业工人。

3. 科学技术进步和先进机器设备的运用能拓宽就业领域，带来就业量的增加

科学技术进步和先进机器设备的普遍运用，会促进相关产业的产生和发展，拓宽就业领域，增加对劳动力的需求。这表现在：

①产业关联增加就业。马克思指出：虽然机器在应用它的劳动部门必然排挤工人，但是，它能引起其他劳动部门就业的增加；尽管机器生产实际地排挤和潜在代替了大量工人，但随着机器本身生产的发展（这种发展表现为同种工厂数目的增多或现有工厂规模的扩大），工厂工人的人数最终可以比被他们排挤的工场手工业工人或手工业工人的人数多①。首先，"随着机器生产在一个工业部门的扩大，给这个工业部门提供生产资料的那些部门的生产首先会增加"②。同时，引起机器制造业的发展，许多技工到机器制造业部门工作。马克思关于社会资本再就业生产的原理说明了这个问题。如果第二部类使用更先进的机器设备，由于劳动生产率的提高，对原料的需求就会大大增加，就会引起生产原料部门扩大生产规模，增加就业人数，同时，也会引起为消费资料生产提供机器设备的第一部类的某

---

① 马克思. 资本论：第一卷 [M]. 北京：人民出版社，2004：509.
② 马克思. 资本论：第一卷 [M]. 北京：人民出版社，2004：510.

些部门的生产规模扩大，增加就业人数。第一部类的生产对劳动力的需求也是这样。因此，随着机器生产在一个工业部门的扩大，给这个工业部门提供生产资料的那些部门的生产首先会增加。

②生产后续工作增加就业。由机器加工过的半成品还要经过手工业或工场手工业进一步加工才能成为最终产品。使用机器提高了劳动生产率，有大量的半成品需要更多的人进行加工，会促进就业的增加。如果机器占领了某一劳动对象在取得最终形式前所必须经过的初级阶段或中间阶段；那么，这种机器制品还要进入那些仍保持手工业或工场手工业生产方式的部门中，劳动的需求就随着劳动材料的增加而增加。

③大机器生产能促进社会分工，使产业结构和就业结构趋于合理，有利于扩大就业总量。马克思指出："机器生产用相对少的工人人数所提供的原料、半成品、劳动工具等的数量不断增加，与此相适应，对这些原料和半成品的加工也就分成无数的部门，因而社会生产部门的多样性也就增加了。机器生产同工场手工业相比使社会分工获得无比广阔的发展，因为它使它所占领的行业的生产力得到无比巨大的增加。"① 可见，大机器工业还促进了国际分工和世界市场的发展，加深了国与国之间的经济往来，不仅有更多的外国消费品同本国的产品相交换，还有更多的外国原料、材料、半成品等作为生产资料进入本国工业。马克思指出："在工人人数相对减少的情况下，生产资料和生活资料的增加，使那些生产在较远的将来才能收效的产品（如运河、船坞、隧道、桥梁等）的工业部门中的劳动扩大了一些全新的生产部门，从而一些新的劳动领域，或者直接在机器生产的基础上，或者在与机器体系相适应的一般工业变革的基础上形成起来。"②

4. 非生产性劳动增加就业

马克思指出："大工业领域内生产力的极度提高，以及随之而来的所有其他部门对劳动力的剥削在内涵和外延两方面的加强，使工人阶级越来越大的部分有可能被用于非生产性劳动，特别是使旧式家庭奴隶'仆从阶级'（如仆人、侍女、侍从等）的名称下原来越大规模地被生产出来。"③非生产性劳动也就是除了第一产业、第二产业之外的其他劳动，即在第三产业从事的劳动，其主要部分是服务业。资本有机构成的提高，能促进非

---

① 马克思. 资本论：第一卷 [M]. 北京：人民出版社，2004：511.

② 马克思. 资本论：第一卷 [M]. 北京：人民出版社，2004：513.

③ 马克思. 资本论：第一卷 [M]. 北京：人民出版社，2004：513.

生产性行业即第三产业的发展，吸收更多的劳动力就业。

综上所述，有机构成提高是技术进步、劳动生产率提高所致，是社会经济发展的必然趋势，生产性行业的有机构成提高使得一定量的资本投入对劳动力需求的比例下降，但会使全社会的劳动力需求总量增加，并会促进第三产业的发展，吸纳更多的劳动力就业。

二、马克思相对过剩人口理论的适用性

马克思相对过剩人口理论形成于资本主义大工业发展初期，随着资本积累和资本有机构成的提高，机器排挤工人现象比较明显，相对过剩人口的形成是资本主义积累的一般规律。我们应用科学态度看待马克思相对过剩人口理论。

一方面，马克思相对过剩人口理论是在特定的历史条件下形成的关于资本主义特有的人口规律论述，不能照抄照搬。

另一方面，马克思相对过剩人口理论对我们认识当今发达资本主义国家和我国就业问题有重要的借鉴价值。

当代发达资本主义国家处于工业化后期、服务经济占主导的经济发展阶段，劳动力在第一产业和第二产业中所占比重不仅相对地减少，而且普遍出现绝对地减少趋势。无论是劳动密集型还是技术密集型的第三产业，从长期看都存在资本有机构成提高而排挤工人的趋势。这说明马克思关于资本有机构成提高导致相对过剩人口增加理论是正确的。但是，发达资本主义国家在经济发展中出现了一些新情况，低出生率和更低的死亡率使经济的发展速度超过了人口的增长速度，人口结构的老龄化导致劳动力短缺。一方面传统的部门和企业大量排挤工人，另一方面新兴战略性产业部门所需要技能型人才短缺。资本积累、资本有机构成提高不完全表现为大量相对过剩人口。相反，除了西欧一些国家失业率水平高以外，多数发达国家失业率水平并不高。

我国目前处于工业化的中期阶段，随着数字经济发展，农业的适度规模经营初步形成，农业资本有机构成和劳动生产率不断提高，第一产业对劳动力需求不但相对地减少，而且绝对地减少，先进机器设备排挤劳动力的现象更明显，农村过剩劳动力向城市转移是必然的趋势。就工业来看，由于工业互联网技术的应用，机器的智能化水平不断提升，资本有机构成逐步提高。由于资本有机构成提高的速度超过了资本积累增长的速度，所

以对劳动力需求的相对量和绝对量都在显著下降。由于数字技术应用于服务业，第三产业资本有机构成普遍提高了。传统服务业中非程序性劳动密集型行业资本有机构成低，对低端劳动力有较强吸纳能力；程序性工作任务密集行业（物流等）资本有机构成提高，对低端劳动力有较多挤出；现代生产性服务业和生活性服务业技术和知识密集，资本有机构成提升缓慢，这对高端劳动力有较强的吸纳能力。所以，第三产业就业趋势表现为就业人数快速增加和就业比重的显著上升。虽然资本有机构成的提高会减少可变资本比例，从而减少对劳动力的需求，但是资本有机构成提高相对减少的是对低端劳动力的需求，而增加的是对高端劳动力的需求。我国现阶段存在人口老龄化和"民工荒"现象，产业结构的转型升级和资本有机构成的提高有助于提高劳动生产率，减少对低端劳动力的需求，缓解劳动力供给短缺问题。大学毕业生就业难表现为"结构性失业"。我国产业结构的转型升级和资本有机构成提高创造出大量技术和知识密集型新业态，为大学毕业生求职和自主创业搭建了广阔平台。

第二章　资本有机构成与就业理论
相关争论

　　马克思在资本积累理论中揭示的资本有机构成趋向不断提高的规律，不仅在机器大工业时代得以证实，而且至今仍然具有强大的生命力。但同时应当看到，自 20 世纪 80 年代以来，国内外经济学界诸多专家学者围绕资本有机构成趋向不断提高的规律，从理论逻辑和实证检验等方面进行了不同维度的深入研究，提出了各自不同的观点，产生了激烈的学术争鸣。

第一节　国外学术史梳理及研究动态

　　自从 19 世纪 60 年代马克思相对过剩人口理论提出后，不少西方学者对马克思关于技术进步必然引起资本有机构成的提高，从而必然导致相对过剩人口的逻辑推理提出质疑。马克思主义的反对者断然否定技术进步必然引起资本有机构成提高的论断，从而否定失业的必然性。一部分西方马克思主义者通过计量模型也得出资本有机构成变动是不确定性的结论，并且对马克思就业理论做出补充。西方马克思主义失业理论是马克思主义经济学的重要组成部分，它包括宏观和微观两大分支。宏观失业理论主要以马克思的资本积累过程理论为基础，侧重从资本主义生产的宏观特征分析资本积累对劳动就业的影响。代表人物有斯威齐、森岛通夫、罗默、达茨等，他们分别从资本积累对生产的技术结构和总需求的影响等方面分析了资本主义非自愿失业的产生原因，形成的理论主要包括宏观比例失调论、消费需求不足论、投资过度论、利润率下降趋势论等。微观失业理论则从资本主义生产的微观组织结构特征分析了阶级利益冲突对劳动就业所产生的影响。代表性理论有鲍尔斯和金廷斯等的劳动压榨理论，及与此相关的以爱德华兹、阿克洛夫和布劳斯为代表的劳动市场分割理论等。

国外关于技术进步、资本有机构成与就业关系的研究主要集中在以下几个方面：

（1）资本有机构成变动趋势的争论

马克思（1867）认为，在科学技术进步的条件下，随着资本积累的增加和资本生产规模的扩大，资本有机构成必然趋于提高[1]。

部分西方学者认为，马克思所阐发的资本有机构成趋向不断提高的理论是机器大工业时代的产物，并不适用于现代科学技术快速发展和信息经济、知识经济以及日趋成熟的数字经济时代。这些学者研究所得出的结论与马克思的观点恰恰相反，认为在现代科学技术快速发展并在社会经济中广泛运用条件下的资本有机构成不仅没有提高，反而呈现出下降的新趋势。

罗默（John Roemer，1977）认为，采用新的技术改变了生产出来的商品的整个劳动价值结构，即使在某种意义上资本有机构成提高，也并不必然导致资本有机构成提高（用劳动价值衡量)[2]。

森岛通夫（1979）认为，如果一些技术进步引起资本和劳动投入系数改变，商品的价值未受到影响，则资本有机构成没有发生变化。当然，也有一些技术改进会引起商品价值的变动，并导致更高的资本构成[3]。

Luo R、Cui R 和 Wang T（2013）将智力资本加入企业资本结构中分析了技术进步对资本有机构成的影响，随着社会对知识资本越来越重视，资本有机构成的上行趋势会逐渐变成下行趋势[4]。

彼特·琼斯（Peter Jones，2016）通过运用 1947 年后美国国民经济核算数据建立模型证明，资本的技术构成与价值构成是上升的，可变资本的流通时间是下降的。

Jones P（2017）认为可变资本的周转速度会影响资本有机构成的提高，随着科技进步生产率提高，不变资本会更加便宜，资本有机构成呈上

---

[1] 马克思. 资本论. 第一卷 [M]. 北京：人民出版社，2004：721.

[2] 顾海良. 百年论争：20 世纪西方学者马克思经济学研究述要 [M]. 北京：经济科学出版社，2014：1057.

[3] 顾海良. 百年论争：20 世纪西方学者马克思经济学研究述要 [M]. 北京：经济科学出版社，2014：1145.

[4] LUO R, CUI R, WANG T. An expanded analysis of the organic composition of capital [C]. 2013 (3)：16-21.

升趋势①。

（2）资本有机构成变动对就业的毁灭效应

技术进步会提高劳动生产率和增强资本对劳动的替代，减少就业岗位，从而减少劳动力需求，我们将技术进步减少劳动力需求的效应被称为技术进步的就业毁灭效应。

马克思（1867）认为，对劳动的需求，不是由总资本的大小决定的，而是由总资本中可变组成部分的大小决定的，资本有机构成提高会减少资本对劳动力的需求②。

新熊彼特主义者 Aghion 和 Howitt（1992）在"创造性破坏"的内生增长框架内，以 Pissarides（1990）的搜寻匹配理论为基础探讨了经济增长对就业的两个方面的影响，即"创造性破坏"效应和资本化效应。由技术进步推动的经济增长"破坏"了使用旧技术的部门和企业，导致劳动者的失业，这被称作经济增长对就业的"创造性破坏"效应③。他们的理论假设前提为：①在完全竞争市场下，人力资本要素的价格以同等于或高于经济增长率的速度增长。②技术进步对就业的破坏率不是外生的，而是内生地取决于技术进步的规模。他们详细地分析了创造性破坏效应发生作用的直接和间接机制。在第一个前提下，技术进步对提供就业机会产生两种相反影响：一方面，降低了净收益贴现率，产生资本化效应；另一方面，人力资本投入价格的较快增长，减少了企业进步下的收益，进而抑制企业进入市场、提供更多就业机会的可能性。第二个前提加剧了技术的"磨损效应"。在外生及内生背景中技术进步都将直接降低现有工作岗位创造的价值，缩短其存续期限，企业会提前废弃工作岗位，就业的破坏率因此上升。

Daron Acemoglu（2000）研究了企业的技术进步类型，企业在追求利润最大化时进行的技术革命包括资本扩张与劳动扩张，想要追求长期获利，经济增长将呈现"纯劳动扩张型技术变革"，并通过技术进步来节约劳动力的使用④。

---

① JONES P. Turnover time and the organic composition of capital [J]. Cambridge Journal of Economics, 2017, 41（41）：81-103.

② 马克思. 资本论：第一卷 [M]. 北京：人民出版社，2004：725.

③ AGHION P, HOWITT. 内生增长理论 [M]. 陶然，倪彬华，汪柏林，等译. 北京：北京大学出版社，2004.

④ ACEMOGLU D. Labor and capital augmenting technical change [J]. Journal of the European Economic Association, 2000, 1（1）：1-37.

（3）资本有机构成变动对就业的创造效应和补偿效应

技术进步在通过就业破坏机制减少就业需求的同时，还通过就业创造机制产生就业补偿效应，增加就业需求。

马克思（1867）也承认，资本有机构成提高，并不排斥可变资本绝对量增加。技术进步会引起新的分工和产业扩张，又可以带来就业的增加①。

Pissarides（1990）运用搜寻和失业理论，通过建模把就业创造机制划分为两大类：一类是通过产品创新直接实现就业补偿，如通过创造出新产品、新机器、新产业部门直接促进就业增长；另一类是通过工艺创新间接实现就业补偿。工艺创新可以提高生产率，降低单位产品生产成本。技术进步的这一收益对就业的影响取决于这一收益如何在雇主与雇员之间分配。按新古典经济学观点，若是完全竞争市场，产品成本下降会直接导致产品价格下降、工人实际收入提高，需求增长，进而带动产出和就业的增加；在垄断市场下，产品成本下表现为垄断利润的增加，通过企业的再投资也会带动产出和就业的增加。第二类补偿机制是否有效取决于工资、价格能否灵活调整。在新凯恩斯主义看来，工资、价格不能灵活调整，存在工资黏性和价格黏性，技术进步所引起的产品成本下降不能顺利地转化为就业的增长，失业率可能上升②。

阿吉翁和霍伊特认为，当经济增长速度提高时，技术进步使得创建一个生产单位的报酬也增加，投资者被鼓励依据新技术去创建新的生产单位，会吸收新的劳动力，这被称为资本化效应③。

凡罗伊认为，技术创新对就业的影响根据企业技术发展水平不同也会有所不同，在高科技企业中，技术创新倾向于创造就业，而在科技水平低的企业中倾向于破坏就业④。

（4）资本有机构成变动对就业的总效应

霍尔等基于发达国家创新数据，将技术创新分为流程创新和产品创新两种方式，认为产品创新对就业增长产生了显著的促进作用，而流程创新

---

① 马克思. 资本论：第一卷 [M]. 北京：人民出版社，2004：719.

② PISSARIDES. Equilibrium unemployment theory [M]. London：Basil Blackwell，1990.

③ AGHION，HOWITT. 内生增长理论 [M]. 陶然，倪彬华，汪柏林，译. 北京：北京大学出版社，2004.

④ VAN R V，VER TESY D，VIVAR ELLIM. The employment impact of innovation：evidence from European patenting companies [R]. Università Cattolica del Sacro Cuore，Dipartimenti e Istituti di Scienze Economiche（DISCE），2015.

对就业增长产生负面影响，但这种影响较小①。

路切斯等分析了在经济周期不同阶段技术创新的就业效应，结果显示，在经济高涨时期，企业就业主要受新产品的影响，产品创新有显著的就业补偿效应；而在经济衰退时期，流程创新的就业替代效应占据主导地位②。

第二节　国内学术史梳理及研究动态

在改革开放前，国内对马克思相对过剩人口的研究，主要集中在理论研究层面和对资本主义的批判上。改革开放之后的 20 世纪 80 年代，不少学者在马克思资本有机构成理论上提出了大力发展劳动密集型的轻工业和乡镇企业的主张。20 世纪 90 年代多数学者认为，技术的进步和经济发展，能够显著增加就业人数，但投资驱动型的、重工业偏向型、粗放型的经济增长方式使单位资本就业吸纳弹性降低。21 世纪以来，学者们通过大量计量经济模型分析劳动密集和技术密集相统一的第三产业及不同行业的就业弹性、偏离度、直接和间接就业效应，说明第三产业成为吸纳劳动力的主渠道。当前研究主要表现在以下几个方面：

一、对马克思资本有机构成内涵的创新

邓晓丹、李鸿燕（2007）认为马克思资本有机构成理论应当适应当今时代发展的要求而有新的理解和创新。在知识与信息经济时代，应该把不变资本划分为有形不变资本和无形不变资本。有形不变资本包括厂房机器设备、原材料、燃料等物质性预付资本投入，无形不变资本包括技术专

① HALL B H, LOTTIF, MAIRESSE J. Employment, innovation, and productivity: evidence from Italian microdata [J]. Industrial and Corporate Change, 2008, (4): 813-839; HARRISON R, JAU-MANDREU J, MAIRESSE J, et al. Does innovation stimulate employment? A firm-level analysis using comparable micro-data from four European countries [R]. National Bureau of Economic Research, 2008; LIGHT G, PETER S B. Do green innovations stimulate employment? Firm-level evidence from Germany [R]. Europe Working Papers, 2014.

② LUCCHESE M, PLANT A M. Innovation and employment in economic cycles [J]. Comparative Economic Studies, 2012, 54 (2): 341-359; DACHS B, HUD M, KOEHLER C, et al. Employment effects of innovation over the business cycle: evidence from European countries [R]. Paper to be presented at DRUID, 2015.

利、品牌、商誉、知识产权以及管理流程、生产流程等非物质性预付①。

马艳（2009）认为应该将科学技术对劳动主观条件的影响引入马克思劳动条件假定之内，进而把资本有机构成分为外延资本有机构成和内涵资本有机构成。两者的区分主要取决于科学技术对不变资本和可变资本的作用程度②。

罗润东、崔如慧（2013）认为在当今知识经济时代，企业生产不单纯依靠有形的机器设备等不变资本，更多地需要应用无形的专利技术，如商誉、企业制度等软实力。在可变资本方面，人力资本具有可变资本的性质，其价值增殖程度要大于马克思所讨论的传统可变资本的价值增殖程度③。

二、对数字经济时代资本有机构成变动趋势的判断

陈志国（2006）指出，在新经济条件下，资本有机构成出现了由上升转为缓慢下降的趋势，其对社会就业的影响也呈现出复杂化、多样化的特点。在传统产业，资本有机构成仍然表现为上升趋势，对社会就业的影响主要在于量上，且带有双重性。随着社会信息产业比重的增加，资本有机构成缓慢下降，其对社会就业的影响主要在于结构上。我们应该看到这种新变化，从而寻求解决社会就业问题的有效途径④。

马艳（2009）认为马克思资本有机构成理论主要考察的是资本有机构成短期和外延的变化，并以其短期变化为背景条件；故其考察了一些在资本主义经济中具有长期性的变化趋势或呈规律性特征的经济事物后，自然会得出某些具有局限性的理论结论。由于时代条件的限制，马克思资本有机构成理论的假定条件主要着眼于科技进步对劳动客观条件的作用，而较少考虑其对劳动主观条件的作用；在现代发展马克思资本有机构成理论，首先要根据资本主义经济实际，将由科技进步引起的劳动主观因素的变化引入资本有机构成理论之内，并要假定科技进步不仅会引起劳动客观条件

---

① 邓晓丹，李鸿燕. 经济发展方式转变的马克思主义经济理论依据：从创新资本有机构成视角解析经济发展的持续性 [J]. 学术交流，2007（12）：63-66.

② 马艳. 马克思主义资本有机构成理论创新与实证分析 [J]. 学术月刊，2009（5）：68-75.

③ 罗润东，崔如慧. 当代资本有机构成变动及其收入效应 [J]. 学习与探索，2013（10）：86-90.

④ 陈志国. 新经济视野下的资本有机构成变化与就业关系 [J]. 福建教育学院学报，2006（7）：20-23.

变化，也会引起劳动主观条件变化。对资本有机构成变化作出内涵与外延、短期与长期的划分后发现，长期内资本有机构成的变化会发生提高、不变和降低三种变化状态①。

罗润东、崔如慧（2013）认为如果保持其他条件不变，再通过运用美国1929—2007年的相关数据样本对上述现点进行实证检验，并利用这些验证了的结论，就可以对现时代马克思经济学若干理论面临的问题予以新的解释与分析。随着高技能劳动者人数的增加，信息产业部门资本技术构成下降的速度越来越快，传统工业部门资本技术构成提高的速度越来越慢。高技能劳动者人数增加超过低技能劳动者人数减少，从而使全社会资本技术构成转为下降趋势②。

胡莹、田曦（2015）认为，资本价值构成提高趋势可能会出现时间上的间断和强度上的减弱。原因有二：第一，物质生产部门大大加强了不变资本在使用上的节约。在工业化初期，工业部门的迅速发展要求大规模的基本建设投资，这必然以不变资本的较快增长为特征；而当工业化初步完成后，生产的继续扩大更多倾向于发挥现有物质资本的作用，进一步的技术变革也主要涉及机器设备的更新。同时，企业规模的不断扩大也带来规模经济效益，节约了不变资本的使用。第二，不变资本贬值的幅度与速度加快了。由于技术进步的加速，劳动生产率提高得更快，固定资本的更新周期也更短，这必然导致机器设备贬值的加快。马克思揭示了积累过程中资本有机构成提高的趋势规律，由于经济条件的变化其作用的强度有所减弱，但并未消失。资本技术构成的不断上升和资本价值构成在大多数时期的提高，仍然是资本积累过程中的一个基本趋势，对就业和企业利润率所产生的压力仍然存在③。

骆桢（2016）认为，技术构成的提高并不表现为价值构成的提高。技术构成提高是否表现为价值构成的提高，取决于技术进步的类型。而技术进步的类型背后体现的是生产率是否得到持续发展④。

---

① 马艳. 马克思主义资本有机构成理论创新与实证分析［J］. 学术月刊，2009（5）：68-75.
② 罗润东，崔如慧. 当代资本有机构成变动及其收入效应｛J］. 学习与探索，2013（10）：86-90.
③ 胡莹，田曦. 关于马克思利润率下降趋势理论的论战及评析［J］.,.海派经济学，2015（2）：150-160.
④ 骆桢. 有机构成提高导致利润率下降的条件及背后的矛盾关系［J］. 当代经济研究，2016（8）：12-18.

谢富胜（2016）根据相关统计年鉴计算的数据证明，1994—2011年，中国的资本有机构成平稳上升，重工业化的扩张无疑是造成中国经济中资本有机构成提高的重要原因①。

杨虎涛、冯鹏程（2019）研究了美国1944—2016年的资本有机构成与技术—经济范式的变化，发现美国的资本有机构成不是呈直线式提高的，且在不同时期提高的幅度与速度存在差异，在人工智能时代早期其资本有机构成呈现较高水平，随着技术—经济的扩散，资本有机构成提高速度会下降②。

史孝林（2020）从未来人工智能视域下考察了资本有机构成的变化，认为人工智能机器的普及不会使资本有机构成消失，而是会进一步提高③。

李翀（2020）通过分析第二次世界大战后美国、日本和英国资本有机构成的变化，认为如果把产业扩展到服务业，资本有机构成呈现出波动式变化，而不再是单一的趋向提高④。

三、资本有机构成变化对就业结构的影响

陆晓禾（2010）从资本有机构成与相对过剩人口的关系出发，进一步分析了持续多年的"民工荒"与大学生"就业难"的结构性就业矛盾的成因。他认为我国仍然处在国际产业链的低端，大量缺乏的仍是普工，必然会出现低端制造业的"用工荒"。如果产业升级成功，资本有机构成提高，荒的就不会是普工，而会是大学生、科技人员⑤。

方建国、尹丽波（2012）在技术和劳动力替代关系假说基础上，分析了技术进步对劳动力就业的影响。他认为随着劳动生产率的提高，产业内部的确存在技术毁灭工作的现象，但从长期和总量来看，技术创新对劳动力就业的影响并不显著，只有技术进步引起大规模产业结构变动时，才会

---

① 谢富胜，李直. 中国经济中的一般利润率：1994—2011 [J]. 财经理论研究，2016（3）：1-8.

② 杨虎涛，冯鹏程. 技术—经济范式演进与资本有机构成变动：基于美国1944—2016年历史数据的分析 [J]. 马克思主义研究，2019（6）：71-82.

③ 史孝林. 未来人工智能视域下的资本有机构成：马克思劳动价值理论面临的挑战与思考 [J]. 重庆社会科学，2020（3）：43-50.

④ 李翀. 在新的历史条件下对资本有机构成趋向提高规律的再认识 [J]. 当代经济研究，2020（1）：11-21.

⑤ 陆晓禾. 马克思的相对过剩人口理论与中国的"民工荒"问题：对我国经济增长方式的一种反思 [J]. 毛泽东邓小平理论研究，2010（10）：9-16.

出现由技术创新引起的失业现象①。

冉茂盛、邹亚丽（2014）利用 1978—2010 年的数据，建立了技术进步率与就业增长率的 VAR 模型，研究了技术进步对就业总量增长的动态影响。其利用 Johansen 最大似然法对各产业的比较劳生产率和就业人数进行了协整分析。研究表明，短期内（1~3 年）技术进步对就业变化的影响显著为负，但长期（4~8 年）来看则显著为正。第一产业和第二产业的技术进步和就业量不存在长期稳定的关系，第三产业的技术进步促进了该产业就业量的增加②。

朱轶、熊思敏（2014）引入了交互效应模型，在利用 DEA 方法估算我国整体以及第二产业、第三产业全要素生产率的基础上，探讨了技术进步、产业结构变动与我国就业增长之间的影响机制与关联效应，结果表明，我国第二产业技术进步对我国整体就业增长的影响并不显著，第三产业的技术进步制约了其对整体就业的贡献③。

四、资本有机构成变化对就业的双重效应

马艳（2009）认为，当我们将资本有机构成区分为阶段性动态和长期动态、内涵与外延变化后，其结果是，就长期来看，科技进步不一定会减少就业率，这主要取决于科技进步对不变资本与可变资本变化率的影响。如果在科技进步的作用下，不变资本的变化率大于可变资本的变化率，表现为外延资本有机构成提高了，这时就业率就会减少；反之，劳动主观条件的提高会带动产业结构的变化，从而使不变资本的变化率小于可变资本的变化率，即表现为外延资本有机构成降低了，这时就业率就会提高。而且，对劳动力要求不同的行业，其对劳动力的需求也会有所不同，就长期来看，由于科技进步对资本有机构成的作用会使之出现三种状态的交替变化，这样，马克思所讲的相对过剩人口就会呈现出相对结构性过剩的状态。

---

① 方建国，尹丽波. 技术创新对就业的影响：创造还是毁灭工作岗位：以福建省为例 [J]. 中国人口科学，2012（6）：34-44.

② 冉茂盛，邹亚丽. 基于 VAR 模型的技术进步就业效应实证研究 [J]. 工业技术经济，2014（7）：110-116.

③ 朱轶，熊思敏. 技术进步、产业结构变动对我国就业效应的经验研究 [J]. 数量经济技术经济研究，2009（5）：107-119.

张立伟、刘晓静（2012）通过对马克思"相对过剩人口"理论的分析，结合中国实际，对其进行了发展，将相对过剩人口分为相对过剩人口Ⅰ和相对过剩人口Ⅱ；运用数据包络分析（DEA）方法计算出了相对过剩人口Ⅱ量，在理论上证明了其在中国确实存在；通过建立向量自回归（VAR）模型，运用脉冲响应函数、Granger因果关系检验对经济增长与名义就业量、有效就业量分别进行了分析，最后得出一些结论①。

于洪军、刘金凤（2011）认为，事实上科技进步对劳动的主观和客观条件都会产生影响，尤其自马克思以后这一经济现实特征越来越明显。科学技术水平飞速发展不仅带来了劳动工具、劳动资料等这些以不变资本形式表示的劳动客观因素的巨大变革，而且也对劳动者本身以及劳动时间等这些以可变资本形式表示的劳动主观因素以及相关条件具有极大影响。而科技进步对劳动主观因素的影响主要体现在劳动力受教育程度的提高和劳动的复杂程度的提高上。因此，科学技术对活劳动的需求，特别是对有知识、有文化的高素质劳动者的需求的提高，有利于解决大学生就业问题②。

五、资本有机构成新变化趋势下促进就业的对策

于洪军、刘金凤（2011）认为，在信息化时代条件下，资本有机构成提高、产业结构的优化升级及高新技术产业的推进，对高级应用型人才的综合素质提出了更高要求。这就要求大学生必须改变原有的知识结构和技术结构，不断提高自己的知识水平和能力，增强结构变化的适应性。一是加强技能培训，使之与资本技术提升相适应。二是专业设置要与资本有机构成不断提高相接轨，构建政府、社会、高校、用人单位、毕业生"五位一体"的信息反馈机制，实现高校的专业设置与需求、培养方向、技能需求等方面与市场需求、资本技术结构和产业结构调整相匹配，达到通过大学生就业市场调节和政府宏观调控，实现大学生供给和用人单位需求的供求总量均衡、供求结构均衡和劳动力市场高效率运行，从而实现充分就业的目的，以解决专业结构性失业问题。比如，国家决定大力发展互联网、

---

① 张立伟，刘晓静. 对马克思相对过剩人口理论的发展与验证：基于中国就业状况的实证研究内蒙古财经学院学报，2012（3）：1-7.

② 于洪军，刘金凤. 资本有机构成理论视阈下大学生结构性失业问题研究［J］. 现代教育理，2011（1）：118-121.

绿色经济、低碳经济、环保技术、生物医药等关系到未来环境和人类生活的一些重要战略性新兴产业，高校就应加速专业设置、教学内容、课程体系、教学方法和管理体制与运行机制的改革和创新，积极培养与战略性新兴产业相关专业的人才，满足国家战略性新兴产业发展对高素质人才的迫切需求，推动毕业生就业工作①。

黄婧（2012）主张合理选择和调控技术进步的方向和速度，减小技术进步对就业的创造性破坏效应②。

针对"民工荒"，赵丁琪（2013）认为企业可以在政府主导下进行产业升级或技术升级，发展资金密集型和技术密集型产业，以减少对劳动力的需求③。

崔友平、康亚通、王晓（2013）主张通过调整产业结构、优化投资结构开拓新的就业增长点，包括要大力发展资本有机构成较低的第三产业、劳动密集型的中小企业、知识技术密集产业④。

相关研究述评：

从资本有机构成的变动趋势来看，理论界对资本有机构成变化趋势研究得出了三种不同观点，因为不同的学者采用的是不同的数据资料和实证方法。持"肯定论"观点的学者侧重于作为物质资本的技术构成，以固定资本价值与劳动者人数之比来表示资本有机构成，这样便得到了资本有机构成趋向提高的结论。持"否定论"观点的学者侧重于信息资本、人力资本和价值构成，进而得出资本有机构成的上行趋势会逐渐变成下行趋势。而"阶段论"观点的学者侧重于不同阶段上的资本有机构成的变化，进而得出资本有机构成存在上升、不变、下降的三阶段论的观点。从学术研究的维度讲，上述三种关于资本有机构成变化趋势的观点都有其合理性，但并不全面、科学、具体。

从应对资本有机构成变化对就业负面影响的措施来看，一部分学者的

---

① 于洪军，刘金凤.资本有机构成理论视阈下大学生结构性失业问题研究 [J].现代教育理，2011（1）：118-121.

② 黄婧.马克思的失业理论对破解当前我国技术性失业难题的启示 [J].学理论，2012（1）：55-56.

③ 赵丁琪."民工荒"的政治经济学分析 [J].西安财经学院学报，2013（11）：66-72.

④ 崔友平，康亚通，王晓.马克思技术进步与就业理论及我国的政策建议 [J].经济与管理评论，2013（2）：18-27.

第二章 资本有机构成与就业理论相关争论 | 29

研究基本上遵循的是马克思关于资本有机构成提高必然产生相对过剩人口这一主线，主张发展劳动密集型产业促进就业。另一部分学者从马克思资本有机构成提高并不排斥可变资本绝对增加这一视角，探讨了技术进步的产业关联效应对就业的影响。还有一部分学者拓展了不变资本和可变资本的内涵与外延，说明在新经济时代资本有机构成出现下降趋势，对高端劳动力的吸纳能力增强。但是，对经济新常态下我国技术进步与资本有机构成的非线性关系、三次产业内部各行业资本有机构成新变化对就业差异化影响研究不足。

第三章 数字经济时代资本有机构成的新变化

　　数字经济的概念最早是由唐·塔普斯科特（Don Tapscott）在 1996 年提出的，他在撰写的《数字经济：智力互联时代的希望与风险》一书中首先使用了"数字经济"这个词。到 1998 年，美国商务部在其发布的《新兴的数字经济》报告中也使用了数字经济的提法，从此这一概念便被广泛使用。近年来，尽管一些国家或地区在讨论数字经济问题，但是，在如何理解数字经济，并给予其明确的定义方面还存在许多不同的看法。日本政府将数字经济描述为广义的电子商务，包括信息技术、电子商务和数字化三个方面。而美国政府定义数字经济为可测量的电子商务与信息技术产业之和。中国将数字经济定义为一种经济活动，认为数字经济属于信息通信主体产业与产业融合的集合状态。根据美国商务部 2002 年度的数字产业分类标准，数字产业包括硬件制造业、通信设备制造业、软件及计算机服务业和通信服务业四个方面。数字经济是指以使用数字化的知识和信息作为关键生产要素，以现代化信息网络作为重要载体，以信息通信技术的有效使用作为效率提升和经济结构优化的重要推动力的一系列经济活动。当前，数字经济已成为拉动经济增长的重要引擎，成为科技创新催生新发展动能的重要突破口。建设现代化经济体系离不开大数据的发展和应用，我们要坚持以供给侧结构性改革为主线，加快发展数字经济，发挥数据的基础资源作用和创新引擎作用，加快形成以创新为主要引领和支撑的数字经济。数字经济时代是市场竞争全球化、知识化与聚合化的时代。数据逐渐成为关键生产要素，数字经济产业逐渐成为主导产业，数字技术推动的产业融合成为经济发展新动能。社会主义社会不仅要创造出比以往任何社会形态都更为丰富的经济财富，而且要在更广范围、更高层次上促进发展成果惠及人民。

第一节 我国数字经济发展现状

数据是新的生产要素，是基础性资源和战略性资源，也是重要的生产力。以数字经济发展为代表，人类社会正在进入以数字化生产力为主要标志的新阶段。数字经济的发展以数据作为重要生产要素，减少了信息流动障碍，提高了供需匹配效率，有效驱动了劳动、资本、土地、技术、管理等要素的网络共享、集约整合、协作开发和高效利用，促进了信息技术与经济社会的深度融合，培育出新产业和新业态，成为推动中国特色社会主义生产力进步的新动力。

我们认为，数字经济是以数字化的知识和信息作为关键生产要素，以数字技术为核心驱动力量，以现代信息网络为重要载体，通过数字技术与实体经济深度融合，不断提高经济社会的数字化、网络化、智能化水平，加速重构经济发展与治理模式的新型经济形态。其具体包括四大部分：一是数字产业化，即信息通信产业，具体包括电子信息制造业、电信业、软件和信息技术服务业、互联网行业等；二是产业数字化，即传统产业应用数字技术所带来的产出增加和效率提升部分，包括但不限于工业互联网、两化融合、智能制造、车联网、平台经济等融合型新产业新模式新业态；三是数字化治理，包括但不限于多元治理，以"数字技术+治理"为典型特征的技管结合，以及数字化公共服务等；四是数据价值化，包括但不限于数据采集、数据标准、数据确权、数据标注、数据定价、数据交易、数据流转、数据保护等。

一、数字经济市场规模

根据中国互联网络信息中心发布的第 45 次《中国互联网络发展状况统计报告》，我国数字经济规模已达 31.3 万亿元，位居世界前列，占国内生产总值（GDP）的比重达到 34.8%。我国数字经济的蓬勃发展，具体表现为以下三个方面：一是数字消费增长迅速，截至 2020 年 3 月，我国网络购物用户规模达 7.1 亿元，2019 年交易规模达 10.63 万亿元，同比增长 16.5%，连续七年位居世界第一；二是数字贸易不断提质升级，零售进出口商品总额达 1 862.1 亿元，增长了 38.3%；三是数字企业领跑全球，

2019年中国和美国所拥有的数字平台企业占全球70个最大数字平台市值的90%，数字经济的新动能为产业升级不断赋能。

我国数字经济规模持续扩大。2005年我国数字经济增加值为26 161亿元，数字经济占GDP比重为14.2%，2019年我国数字经济增加值激增到358 402亿元，数字经济占GDP比重提升到36.2%。

2020年，全球数字经济规模达到32.6万亿美元，同比名义增长3.0%，占GDP比重为43.7%。我国数字经济规模近5.4万亿美元，居世界第二位；同比增长9.6%，增速位居全球第一①。

数字经济发展势头如此迅猛，源于以下几方面因素：一是新一代信息技术逐渐成熟促进了信息化的深度发展，人工智能、大数据、云计算等数字技术正与产业深度融合，从效率提升的辅助角色，已逐渐成为重构产业数字化发展的"内核"、实现数字经济高速增长的"内燃机"，这为数字经济的兴起打下了良好基础；二是新冠病毒感染疫情在客观上为数字经济快速发展提供了契机，数字产业抓住了发展的机遇，传统产业也被推动着加快数字化转型和智能化升级，数字经济平台表现出强大的生命力；三是发展中国家的信息化应用持续加速，给了数字经济在全球范围内实现更好发展的重大机遇。

疫情之下数字经济"补位"作用凸显。一方面，数字产业化实力进一步增强，数字技术新业态层出不穷，一批大数据、云计算、人工智能企业创新发展，产业生产体系更加完备，正向全球产业链中高端跃进。2020年，数字产业化规模达到7.5万亿元，占GDP的比重为7.3%，同比名义增长5.3%，占数字经济的比重由2015年的25.7%下降至2020年的19.1%。另一方面，产业数字化深入发展获得新机遇，电子商务、平台经济、共享经济等数字化新模式涌现，服务业数字化升级前景广阔，工业互联网、智能制造等全面加速，工业数字化转型孕育广阔成长空间。2020年产业数字化规模达31.7万亿元，占GDP比重为31.2%，同比名义增长10.3%，占数字经济比重由2015年的74.3%提升至2020年的80.9%，为数字经济持续健康发展输出强劲动力（见图3-1）。

---

① 中国信息通信研究院院长余晓晖在2021全球数字经济大会上发布了《全球数字经济白皮书——疫情冲击下的复苏新曙光》。

图 3-1　我国数字经济增加值规模及占比

资料来源：《中国数字经济发展白皮书（2021）》。

二、我国数字经济内部结构

数字经济发展活力不断增强。数字经济持续快速增长，成为推动经济高质量发展的重要力量。我国数字经济总量跃居世界第二，成为引领全球数字经济创新的重要高地。2020年，我国数字经济核心产业增加值占GDP比重达到7.8%。数字产业化规模持续增长，软件业务收入从2016年的4.9万亿元增长至2020年的8.16万亿元，计算机、通信和其他电子设备制造业主营业务收入由2016年的10万亿元增长至2019年的11万亿元。大数据产业规模从2016年的0.34万亿元增长至2020年的超过1万亿元。产业数字化进程提速升级，制造业重点领域企业关键工序数控化率、数字化研发设计工具普及率分别由2016年的45.7%和61.8%增长至2020年的52.1%和73%。我国电子商务交易额由2015年的21.8万亿元增长到2020年的37.2万亿元。信息消费蓬勃发展，2015—2020年，我国信息消费规模由3.4万亿元增长到5.8万亿元。

从数字产业化与产业数字化占比看，2015年前者占比25.7%，后者占比74.3%；2020年前者占比19.1%，后者占比80.9%（见图3-2）。

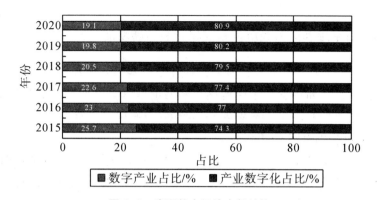

图 3-2 我国数字经济内部结构

资料来源：《中国数字经济发展白皮书（2021）》。

三、数字经济产业渗透率

数字经济在三次产业中都正在创造新的经济增长点。在农业领域，农业互联网从电子商务等网络销售环节向生产领域渗透，在农业产业化基础上，培育出以农民增收为导向的农业服务化的新增长点。在制造业领域，"互联网+"推动制造业向数字化、智能化方向发展，一方面培育了一批数字经济新兴产业，另一方面也推动了创造高附加值的制造业服务化这一新增长点。在服务业领域，"互联网+"推动"数字化基础业务+App 增值服务"新业态形成，从而推动了门类繁多的新业态的发展，形成新的经济增长点。产业数字化蓬勃发展，数字经济与各领域融合渗透加深。2016 年第一产业、第二产业、第三产业数字渗透率分别为 6.2%、16.8%、29.6%，到 2020 年其数字渗透率分别上升为 8.9%、21.0%、40.7%（见图 3-3）。

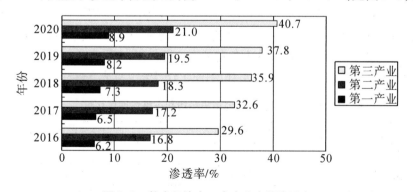

图 3-3 数字经济在三次产业中的渗透率

资料来源：《中国数字经济发展白皮书（2021）》。

四、数字经济成为经济体系优化升级的新动能

党的十八大以来，各地区各部门抓住新一轮科技革命的新机遇，实施网络强国战略，加快数字中国建设，积极推进数字产业化、产业数字化，引导数字经济和实体经济深度融合，推动经济高质量发展。

1. 数字基础设施不断完善

随着网络信息技术日益成熟，网络基础设施不断完善，5G 基建加快布局，物联网建设深入推进，新型消费蓬勃发展，市场供给改善优化，有力支撑着网络经济快速增长。据测算，2020 年，网络经济指数为 1 323.6，比 2019 年大幅增长 54.8%。从主要构成指标来看，2020 年年底，移动互联网用户数达 13.49 亿户，比 2019 年增长 2.3%；移动互联网接入流量达 1 656 亿 GB，分别是 2019 年和 2014 年的 1.36 倍和 80.3 倍；固定互联网宽带接入用户达 4.8 亿户，比上年增长 7.6%。

2. 数字新业态发展加快

现代信息网络技术的广泛运用，传统产业与"互联网+"的加快融合，推动了产业链、供应链和价值链的重塑，生产、管理和营销模式变革加快，电子商务等新业态异军突起，网上零售成为消费增长新引擎。数据显示，2020 年，我国电子商务平台交易额达到 37.2 万亿元，按同口径计算，比上年增长 4.5%。消费需求不断释放，新消费模式拉动网络消费快速增长。2020 年，全国网上零售额 11.76 万亿元，按可比口径计算，比上年增长 10.9%。其中，实物商品网上零售额增长 14.8%，占社会消费品零售总额的比重为 24.9%，比上年提高 4.0 个百分点。在适应疫情防控要求下出现的消费新需求，网络零售新业态不断涌现，消费场景深入拓展，线上消费快速发展。2020 年，全国网购替代率为 81.0%，在上年提高 0.2 个百分点的基础上进一步提高 0.4 个百分点。截至 2021 年 6 月，我国在线办公用户规模达 38 065 万人，占整体网民的 37.7%（见表 3-1）。

表 3-1　我国在线办公用户规模和占整体网民比重

时间	用户规模/万人	占整体网民比重/%
2020 年 6 月	19 908	21.2
2020 年 12 月	34 560	34.9
2021 年 6 月	38 065	37.7

资料来源：CNNIC 第 48 次中国互联网络发展状况统计报告。

3. 分享经济广泛渗透

网络预约拼车、房屋共享、车辆租赁等分享经济快速发展，渗透到社会生活各领域，创造了新的经济价值和社会效益。分享经济模式不只存在于服务业之中，而且存在于制造业及设备设施等领域。在制造业中也将逐步形成"大平台+众多品牌商"的格局，研发、生产、采购等全部的供应链环节及各种要素都会受到共享经济模式的影响。制造业中共享经济称为"共享制造"，是借助于互联网平台的双边连接作用，通过打破行业壁垒和信息不对称，实现制造设备、技术、人才的供求匹配合理化、高效化。共享制造利用共享的理念使企业之间实现协作生产，整合生产能力，在降低成本、提升效率同时，也使着眼于客户需求的定制化服务变得更为容易。传统战略家汤姆·古德温（Tom Goodwin）在 TechCrunch 网站上发表的一篇文章写道：全球最大的出租车公司优步没有一辆车，最受欢迎的社交媒体公司 Facebook 不制作任何内容，最有价值的零售商阿里巴巴没有任何存货，最大的住宿提供商 Airbnb 名下没有房产①。

4. 推动产业数字化转型

数字经济充分发挥了以消费者为中心、以销定产的优点。用数字经济方式从事传统制造，通过大数据可以深入了解客户的需求，全面提升产品设计、研发和销售的精准度，推动传统工业在数字化、网络化、智能化升级中，变以产定销为以销定产，实现以顾客为中心的"智能制造"；用数字经济方式从事农业，让农民足不出户为土特名产找到全球买家，并在"网络+农户"的服务化模式中，解决公司争利问题，真正实现让农民增收；用数字经济方式从事服务业，百姓原有困难已不再成为难事。

实践表明，大力发展数字经济，是加快新旧动能转换、建设现代化经济体系、推动高质量发展的有效途径。数字经济正在以迅猛的势头不断向前发展，在与对应的传统产业展开激烈竞争的同时，推动传统产业利用数字技术转型升级，降低交易成本，提高经济效率。

---

① 克劳斯·施瓦布. 第四次工业革命转型的力量 [M]. 李菁，译. 北京：中信出版集团，2016：21.

第二节　数字经济时代资本有机构成新变化的表现

一、数字经济赋予资本有机构成新内涵

由于马克思受生活时代的限制，他不可能完成把资本有机构成理论从抽象到具体的全部转化，那么，在当今时代环境下，对马克思资本有机构成理论进行拓展并使其有针对性地指导社会发展就显得意义重大。无论是不变资本还是可变资本，从投入产出角度看，都属于预付资本范畴。在数字经济时代，经济体系所投入的各种预付资本已不仅仅表现为各种物质形态的资本和熟练劳动力，而是在更大程度上表现为非物质形态资本。应该把不变资本划分为有形不变资本（有形不变资本即物质性不变资本，包括厂房、机器设备、原材料、燃料等物质性预付资本投入）和无形不变资本（无形不变资本即非物质性不变资本，包括技术专利、品牌、商誉、知识产权、数据资源等非物质性预付资本投入）。数字经济时代数据成为一种新生产要素并衍生出一全新的资本形态—数字（数据）资本。一般数据具有资本属性，其价值也应纳入不变资本。在不变资本范畴拓展的前提下技术进步的实质不再是指劳动力投入的节约，或者说不是指用物质性不变资本去代替可变资本，而是调整不变资本内部的结构关系，用更多的无形资本去代替有形的不变资本。

二、当代中国资本有机构成的指标设计与测算方法

发展以大数据、人工智能为核心生产要素的数字经济和智能经济逐步上升为当代中国的国家战略，加快数字化发展进而推动数字经济发展和加快智能化发展进而推动智能经济发展越来越成为当代中国经济发展的迫切需要，推动数字经济和实体经济、智能经济和传统经济的深度融合已经成为当代中国的发展趋势。在此背景下，考察当代中国资本有机构成及其变化趋势的指标体系设计和测算方法，就必须回到马克思经典著作中来探寻，依据他对资本有机构成的基本规定来确定。

马克思在《资本论》中指出："资本的构成要从双重的意义上来理解。从价值方面来看，资本的构成是由资本分为可变资本和不变资本的比率，或者说，分为生产资本的价值和劳动力的价值即工资总额的比率来决定

的。从在生产过程中发挥作用的物质方面来看，每一个资本都分为生产资料和活的劳动力；这种构成是由所使用的生产资料量和为使用这些生产资料而必需的劳动量之间的比率来决定的。我把前一种构成叫作资本的价值构成，把后一种构成叫作资本的技术构成。二者之间有密切的相互关系。为了表达这种关系，我把由资本技术构成决定并且反映技术构成变化的资本价值构成，叫作资本的有机构成。"①

由于数字经济时代的资本技术构成与资本价值构成其变化趋势可能出现不一致现象，数字技术、人工智能技术的使用提高了劳动生产率的同时也提高了资本技术构成，但是资本价值构成受到可变资本的影响可能趋于下降使得资本有机构成停止了提高的趋势。资本有机构成的变化在一定程度上影响着一个国家的就业水平，通常较高的资本有机构成说明该国家属于资本密集型，采用较多的物质资本与先进的技术；较低的资本有机构成则意味着该国家属于劳动密集型，采用较多的劳动力进行生产。因此，依据马克思对资本有机构成的经典性规定和当代中国推动数字经济和实体经济、智能经济和传统经济的深度融合发展的现实，对资本有机构成及其变化趋势的指标和测算方法进行了如下的界定。

1. 不变资本

按照马克思政治经济学中的定义，不变资本是指在生产剩余价值的过程中没有发生价值量变化的资本。本书在计算资本有机构成时，将不变资本价值 C 用可以获取到的固定资产投资数据来代替，计算得出的资本有机构成数值上可能存在偏差，但是可以保持与马克思资本有机构成理论一致的整体变化趋势，这样也可以使我们对当前资本有机构成动态趋势进行观察。

2. 可变资本

马克思定义可变资本是指用来购买劳动力的资本，该部分资本在企业生产过程中不同于不变资本，除了将自身价值转移到新的产品中去，同时还可以生产出高出自身价值的价值。可变资本与工资是从不同角度来界定的。可变资本是能够带来剩余价值的价值，而工资则是劳动力价值的货币表现。虽然两者性质不同，但是两者在数量上是相等的。所以，为了方便分析问题，在这里就用工资总额作为可变资本的代理变量。

---

① 马克思. 资本论：第一卷 [M]. 北京：人民出版社，2004：707.

3. 资本有机构成

资本有机构成是由资本技术构成决定的资本价值构成。资本的有机构成包括两个方面：一是资本的技术构成。借鉴高峰、吕庄和冯世新学者关于资本技术构成的计算公式，本书用固定资本价值与劳动者人数之比来反映资本技术构成变化。二是资本的价值构成，即不变资本 C 与可变资本 V 的价值比值。考虑到数据的可获得性，本书用固定资产投资与工资总额之比来反映资本的价值构成。

本书依据上述的指标和测算方法，就我国资本有机构成的新变化趋势进行研究，具体分析资本技术构成与资本价值构成的变化，并进一步来研究资本有机构成新的变化趋势会对我国就业产生什么样的影响。本书研究所使用的固定资本数据来源于国家统计局数据库，可变资本（对于工人来说是工资总额）数据来源于历年《中国人口和就业统计年鉴》。

三、数字经济时代资本有机构成新动向

我国当前处于大力推进数字经济发展的时代，这是继农业经济、工业经济之后的一种新的经济社会发展形态，数字经济以数字产品即数据作为关键生产要素、以信息网络作为重要载体，通过网络和信息技术的有效应用，推动各领域数字转型，实现价值增值和效率提升。数字经济时代，资本有机构成趋势发生了新的变化。

（一）数字经济对资本有机构成的影响机制

数字经济促进了生产力的大发展，对传统的经济学提出挑战。传统经济学认为，科学技术进步、生产力的发展必然会推动资本有机构成不断的提高，资本有机构成提高会产生两种结果：一方面是平均利润率趋向下降；另一方面会导致相对过剩人口增加，即失业率提高。这种观点揭示了资本主义机器大工业时期资本有机构成和平均利润率的变化趋势，已经为资本主义经济发展的实际所证明。

在数字经济时代，无论是发达资本主义国家还是发展中国家，其资本有机构成发展的趋势都有了新的变化，总体上呈现出 M 形新态势。究其原因，主要在于：

1. 数字经济推动资本有机构成上升

数字经济时代的投入是由算法+数据+芯片三者共同构成的一种复合型的投入。从算法+数据+芯片这三者来看，算法和数据具有累积性、较强的

外部性和报酬递增特征，其价值会下降很快，但芯片和芯片对应的能耗在数字技术初创期的很长一段时间内价值难以下降。与之对应，相应的智能设备和其生产设备的价格也会居高不下，不变资本的价值将保持较高的水平，资本有机构成有上升趋势。

2. 数字经济制约资本有机构成上升

数字经济的发展带来了生产资料价格的下降、能源的节约以及劳动力价格的上升。这些因素的变化均在一定程度上对资本有机构成的提高起着抑制作用，从而一定程度上遏止了资本有机构成的上升。

第一，数字技术革命和知识经济的巨大推动作用，促使产业结构发生重大调整。21世纪初期以智能技术为核心，形成新的高新技术产业群。发达国家普遍出现了国民经济中信息部门比重增大，物质能源部门比重减小，产业结构"由硬变软"的趋势，实现了以传统物质、能源为主的生产向新型的信息生产为主的经济发展模式的置换。发达国家已经步入以信息化为重要特征的新经济时代。社会生产的智能化与传统的机器大工业相比，其主要的特点在于它是一种低投入高产出，低能耗高效率，围绕信息、知识、技术为核心的全新的生产方式。它摆脱了对传统的物质资源的依赖。资本有机构成中，设备、原料、燃料动力等有形的生产资料在整个生产中趋向下降，其价值亦不会有显著的增加，这就是不变资本（C）在信息化经济中的发展趋势。相反，作为劳动力价值的可变资本（V）在信息化时代呈现十分明显的上升趋势。

第二，在数字经济时代，社会生产过程更注重依靠生产资料的节约来提高生产率和利润率。马克思在《资本论》第三卷第一篇第五章中指出，不变资本使用上的节约包括靠牺牲工人而实现的劳动条件的节约，动力生产、动力传递和建筑物的节约，生产排泄物的节约，因发明而产生的节约[①]。随着劳动生产率的提高，不变资本要素如机器设备、各种原材料等的价值下降，会延缓资本有机构成上升，从而阻碍平均利润率下降。在机器大生产时期，经济增长严重依赖于物质资料的投入，对成本的节约主要依靠对可变资本的控制。但20世纪以来，由于经济增长集约化趋势越来越明显，生产过程中使用的机器设备更加复杂和精巧，厂房、仓库等生产建筑物也没有必要一定增加，产品趋向小型化甚至无形化，这些都使得单位

---

① 马克思. 资本论：第三卷 [M]. 北京：人民出版社，2004：91-119.

产品中实物价值的比重出现波动和下降，从而导致资本有机构成出现波动和下降的趋势。以制造业为例，工业机器人公司发那科（Fanuc）同思科和其他企业合作，创建了一个旨在减少工厂停机时间的平台。据估算，大型汽车制造商每分钟的停产成本高达两万美元。发那科智能尖端连接和驱动（FIELD）系统依托先进机器学习技术的分析平台，捕获并分析来自制造流程各个环节的数据，由此改进生产作业。目前，FIELD 系统已部署在了一家制造商为期 18 个月的"零停机"试验项目中，显著地降低了该企业的生产成本①。传统的制造业基本上以机械、电器和电力为主，其生产流水线基本上以大规模投资来建立。如果市场行情发生变化，产品生产方向需要调整，那么重新建立一条生产流水线所需的成本高、时间长。当数据智能、自动化和精准预测对制造业改造完成后，生产流程将全部由模块式的数字控制，可以实现生产的柔性化。当一家汽车制造厂要调整生产，制造另一种款式的汽车，不再需要重建流水线，只需要把新产品模块的接口（API）调整过来就可以了。这个改变的核心是数据和知识，即制造的流程、制造的工艺、制造的设计，都会用数据来控制②。在数字经济背景下，固定成本下降，生产规模效应增加。传统经济边际成本不可能为零，因此限制了企业生产规模的扩张。而在数字经济下，网络平台和信息技术作为固定成本的重要组成部分，具有共享、免费的特征。固定成本中"共享"所具有的免费特征意味着平均成本下降，隐含着数字经济规模报酬递增。网络软件盈利模式背后的经济学解释在于，以信息技术为载体的线上教育并不会因为学生数量增多而引发其提供宽带服务的成本上升。与之相对应，伴随着学生数量的增加，宽带流量供给增加，固定成本被逐渐稀释，规模经济显著，从而为企业未来盈利奠定了基础。

　　第三，在数字经济时代，劳动力价值大幅度提高，人力资本在总资本中的比重越来越高，导致可变资本在资本中的比重有所上升。在机器大工业时代，劳动力的价值难以突破生活资料价值的界限，这已经被马克思所揭示，为资本主义的发展所证实。但在信息化时代，劳动力商品的价值量中肯定存在着超出生活资料价值的部分。换言之，在信息化条件下构成劳动力价值主要部分的应该是被马克思忽略不计的学习和培训费用的价值。

---

① 埃森哲. 新制造：智能制造之路线图 [M]. 上海：上海交通大学出版社，2017：82.
② 李彦宏. 智能革命：迎接人工智能时代的社会、经济与文化变革 [M]. 北京：中信出版集团，2017：53.

信息革命最直接的后果是形成了一些崭新的资本形态——人力资本和知识资本。劳动力的教育和培训是一个巨大的活劳动投入，具有潜在的、高度的创造性。因此，劳动力价值就会显著提高。

第四，网络开放平台助推不变资本的节约。人工智能开放创新平台具有开放性与开源性特征，能够为人工智能领域的创新创业团队、企业及社会组织提供安全可靠的包括算法优化、技术研发、成果孵化、评测认证、资本对接等在内的一系列创新工具及解决方案，从而全方位汇聚创新创业动能，对加快构建政产学研用的人工智能科技创新体系、加速人工智能高效创新与商业化落地具有重要推动作用。

无论是算法模型训练所需的技术能力，还是 GPU、FPGA 等硬件购置花费的成本，对于传统企业和开发者来说都是极高的门槛。在人工智能开放平台的帮助下，传统企业和开发者仅需简单调用平台上的相关接口和资源，就可以满足多种智能化需求。在传统条件下，中小制造企业想要快速提高生产效率，扩大生产跻身大企业的行列是非常困难的，因为制造业是典型的重资产行业，传统的生产制造方式对设备、厂房、人才等要素投入要求高，固定资产投入和生产成本高，中小微企业很难实现快速发展。共享经济的特征是使用权的共享，制造业与共享经济的融合为解决中小微企业缺资金、缺人才、缺技术的问题提供了新的方向，有助于降低中小微企业尤其是小微企业的生产成本，提高生产效率。在共享经济时代，企业不需要再自行购置完整的生产设备，而是可以以租代买、按需使用、按量计费，既节省了购置成本，也无须承担维护和管理成本。

近年来，我国人工智能开放创新平台蓬勃兴起，有依托百度公司建设自动驾驶国家人工智能开放创新平台，依托阿里云公司建设城市大脑国家人工智能开放创新平台，依托腾讯公司建设医疗影像国家人工智能开放创新平台，依托科大讯飞公司建设智能语音国家人工智能开放创新平台，依托商汤集团建设智能视觉中国新一代人工智能开放创新平台。

总之，数字技术的使用使市场对劳动力的需求减少，使资本技术构成提高；同时，数字技术应用、劳动生产率的提高节约了生产资料，这会对资本技术构成的提高起到反作用。正如马克思所指出的：由于劳动生产率的提高，会使不变资本各要素价值减少，从而是不变资本的价值不和它的物质量，就是说，不和同量劳动力所推动的生产资料的物质量，按同一比例增加，虽然不变资本价值会不断增加①。

（二）数字经济时代资本有机构成新动向

资本有机构成的上升只是一种长期趋势，不能理解为直线上升，不排除在个别年份和个别行业出现暂时下降现象。2000—2020 年我国资本技术构成与价值构成的比较如表 3-2 所示。

表 3-2　2000—2020 年我国资本技术构成与价值构成的比较

年份	固定资产投资总额（不含农户）/亿元	城镇职工工资总额/亿元	城镇职工人数/万人	固定资产投资（不含农户）与城镇职工工资的比例	固定资产投资（不含农户）与城镇职工人数的比例
2000	26 222	28 244	11 612.5	0.928 4	22 579
2001	30 001	23 265.9	11 165.8	1.289 4	26 868
2002	35 489	19 789.9	10 985.2	1.793 2	32 306
2003	44 389	16 900.2	10 969.7	2.626 5	40 467
2004	55 475	14 743.5	11 098.9	3.762 5	49 981
2005	68 514	13 161.1	11 404.0	5.205 8	60 078
2006	82 830	11 830.9	11 713.2	7.001 0	70 716
2007	101 212	10 656.2	12 024.4	9.498 1	84 174
2008	124 434	35 289.5	12 192.5	3.526 0	102 053
2009	156 933	40 288.2	12 573.0	3.895 2	124 817
2010	189 964	47 269.9	13 051.5	4.018 7	145 543
2011	229 693	59 954.7	14 413.3	3.831 0	159 365
2012	271 843	70 914.2	15 236.4	3.833 4	178 421
2013	318 772	93 064.3	18 108.4	3.425 2	176 039
2014	362 881	102 817.2	18 277.8	3.529 3	198 534
2015	395 518	112 007.8	18 062.5	3.531 1	218 965
2016	424 399	120 074.8	17 888.1	3.534 4	237 253
2017	451 729	129 889.1	17 643.8	3.477 8	256 024
2018	478 460	141 480.0	17 258.2	3.381 8	277 239
2019	504 212	154 296.1	17 161.8	3.267 8	293 795
2020	518 907	164 126.9	17 039.1	3.161 6	304 540

注：设职工工资总额为 1。

资料来源：根据《中国统计年鉴》（2020）整理。

---

① 马克思. 资本论：第三卷 [M]. 北京：人民出版社，2004：262.

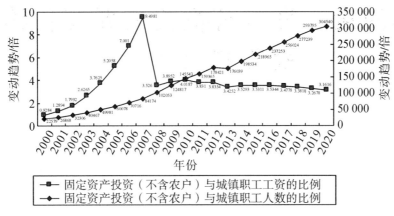

图 3-4　2000—2020 年我国资本技术构成和价值构成的变动趋势

从表 3-2 和图 3-4 可以看出，资本构成与技术进步关系是非线性的。我国资本有机构成并未像马克思所说的随着科技的进步会呈现一直上升的趋势，从 2000—2020 年的数据可以看到资本价值构成呈现波动式变化。随着资本深化资本的深化，2000—2007 年作为不变资本组成部分的固定资本投资在急剧增长，而转化为职工工资的可变资本部分虽也在增长，但与固定资本投资相比，比重在下降。2000 年固定资本投资总额与职工工资总额的比例为 0.928 4∶1，2007 年这一比例上升为 9.498 1∶1。2008 年固定资本投资总额与职工工资总额的比例为下降为 3.526 0∶1。2010 年这一比例上升到 4.018 7∶1。然后，2019 年又下降到 3.161 6∶1。

通过分析我国资本有机构成的总体情况发现，资本技术构成保持上升趋势，可是资本价值构成却没有保持一致的方向，呈现波动式变化，甚至在 2010 年后呈现下降趋势。但是，从理论上来看，数字技术的使用会推动资本有机构成的提高。随着科学技术的进步，采用机器的劳动密集型产业和大规模采用机器的物质资本密集型产业会得到迅速发展。

第四章 资本有机构成新变化的就业效应

第一节 资本有机构成新变化的就业替代效应

随着数字技术应用，企业的资本深化在不断加速，人均资本量上升，资本有机构成提高，造成企业生产中资本对劳动力吸纳能力的降低。数字技术创新发展，打破了原有的产业格局，在不断创造新就业岗位的同时，也会导致技术性失业和结构性失业。在整个机器取代人的过程中，由农业开始，然后是蓝领，最终会波及白领。人工智能的影响将从体力劳动者向脑力劳动者逐步扩散。马丁·福特（2015）认为，今天，几乎所有"可预见的"工作将受到技术进步的影响。那些拥有高学历的白领也将发现他们的工作难以抵挡软件自动化和运算能力的快速发展。

一、资本有机构成新变化就业替代效应形成机制

数字经济主要通过四个方面影响结构性失业：

（1）机器自动化带来的结构性失业风险。在劳动力成本不断上升、国际竞争越来越激烈等情况下，为了降低成本，很多企业开始大规模采用机器人来替代劳动力。

（2）随着数字产业化的产品创新，数字产品逐渐替代旧产品，新业态的不断出现，旧业态不断被淘汰，将带来结构性失业。随着大数据人工智能的快速进步，数字技术广泛应用于创新领域，实体经济利用数字经济广度深度不断扩展，新模式新业态持续涌现。与此同时，部分传统产业就会被淘汰，从而出现结构性失业风险。比如在批发零售领域，包括淘宝、京

东、拼多多等电子平台企业的销售规模越来越大，就会对传统的零售批发业态产生部分替代。

（3）产业结构转型升级导致结构性失业。从中国的产业结构来看，三次产业中服务业占比不断提升，但是农业和大部分制造业占国民经济的比重在不断下降，就业人口无论是绝对量还是占比都在下降，这就形成了结构性失业。

（4）产业数字化使企业组织机构网络化和扁平化，管理机构精简，大量管理人员被裁减。

自 2015 年起，中国机器人行业增速显著高于全球，工业机器人市场规模约占全球的三分之一，服务机器人约占 25%，是世界第一。工业机器人密度约为 118 台/万人，达到发达国家平均水平。机器人趋向于轻性化、柔性化，人机协作程度不断深化，企业的生产效率不断提升。随着机器自动化设备的不断采用，具有中低端技能的劳动者被机器替代的可能性非常大，这就会导致失业率的上升。数字经济就业替代效应形成机理如图 4-1 所示。

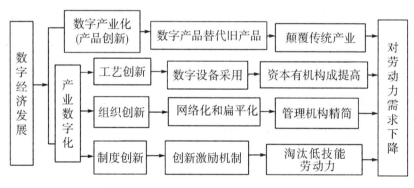

图 4-1　数字经济就业替代效应形成机理

二、资本有机构成新变化就业替代效应表现

1. 数字技术对不同行业劳动力替代

近年来，我国以数字技术为代表的创新多领域、群体性加速突破，实体经济利用数字经济广度深度不断扩展，新模式新业态持续涌现，个别传统领域面临严重的冲击，相关产业人群失业风险加剧。在批发零售领域，阿里、京东、拼多多等电子商务企业取得了巨大的成功，传统商品交易市场逐步走向衰落。2013—2018 年，亿元以上商品交易市场数量开始逐年递

减。截至 2018 年年底交易市场累计减少数量超过 10%。在生活文化城，在线媒体、电子书的发展冲击着传统报刊图书。截至 2018 年年底，我国报纸种类相比 2002 年峰值下降超过 1 个百分点，期刊总印量相比 2012 年峰值下降超过 25 个百分点。业态间的新老交替一方面创造了新的就业机会，另一方面一些受冲击较大且不易调整的部门则会出现失业。

根据中国劳动统计年鉴数据，2013—2018 年全国城镇就业人员整体就业人数变动率为-4.69%。从各行业来看，2013—2018 年农、林、牧、渔业、采矿业和制造业就业人数下降幅度大，下降幅度分别为-34.66%、-34.89%和-20.53%。电力、热力、燃气及水生产和供应业，建筑业，批发和零售业，交通运输、仓储和邮政业，住宿和餐饮业城镇就业人数也有所下降，下降幅度分别为-8.72%、-7.22%、-8.19%、-3.21%和-11.36%。2013—2018 年城镇就业人数增加幅度较大的行业是信息传输、软件和信息技术服务业、金融业、房地产、租赁和商务服务业，增长幅度分别为 29.63%、30%、24.69%和 25.5%（见图 4-2）。

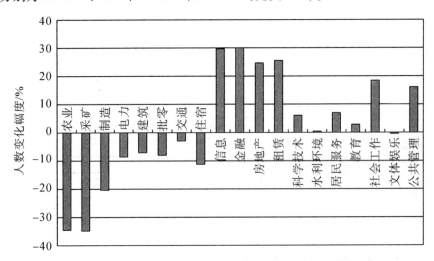

图 4-2 按行业中类分城镇单位就业人员年末人数变化幅度

2. 数字技术对不同职业劳动力替代

2013 年经济学家卡尔·贝内迪克特·弗雷（Carl Benedikt Frey）和机器学习专家迈克尔·奥斯本（Michael Osborne）是牛津大学马丁学院的两位研究人员，他们量化了技术创新对失业的潜在影响，并根据自动化发生的概率，对 702 个职业进行了排名，涵盖了自动化风险最低（0 分表示完全没有风险）和自动化风险最高（1 分表示该工作存在被某种计算机替代的一定风险）的职业①。通过这项研究得出结论：在未来 10~20 年，美国 47% 的就业人口可能会面临失业风险。相较于此前工业革命对就业市场的改变，本次工业革命对就业市场的破坏范围更广，速度更快。此外，就业市场两极分化的趋势更为严重：认知性和创造性强的高收入工作机会和体力性的低收入工作机会都会增加，但是常规性和重复性的中等收入工作机会将会大幅减少。随着算法、机器人和其他非人力资产能力的增强，从事程序性工作的劳动力不断被取代。迈克尔·奥斯本还注意到，自动化发展的另外一个关键因素是企业近年来在努力更准确地定义并简化企业工作，以便在外包这些工作的时候对其进行"数字化"处理。通过简化工作，算法就可以更好地替代人类，因为各项准确定义的独立任务更便于监控，也可以产生更多更高质量的任务数据，并在此基础上形成更优质的数据库，进而让算法可以替代人工开展工作。在表 4-1 中列出了自动化风险最高和最低的部分职业。

表 4-1　人工智能可替代的职业类型

自动化风险最高的部分职业		自动化风险最低的部分职业	
概率	职业	概率	职业
0.99	电话销售员	0.003 1	与精神健康和药物滥用相关的社会工作者
0.99	报税代理人	0.004 0	编舞人员
0.98	保险鉴定、车辆定损人员	0.004 2	内外科医生
0.98	裁判和其他赛事人员	0.004 3	心理学家
0.98	法律秘书	0.005 5	人力资源管理者
0.97	餐馆、休息室和咖啡店工作人员	0.006 5	计算机系统分析师
0.97	房产经纪人	0.007 7	人类学家和考古学家
0.96	秘书和行政助手（法律、医疗和高管助手除外）	0.010 0	海洋工程师和造船工程师
0.94	快递员、邮递员	0.013 0	销售管理者

资料来源：CARL BENEDIKT FREY, MICHAEL OSBORNE. The future of employment：how susceptible are jobs to computerization? ［R］. University of Oxford，2013.

①　CARL BENEDIKT FREY, MICHAEL OSBORNE. The future of employment：how susceptible are jobs to computerisation? ［R］. University of Oxford，2013.

面对数字经济和人工智能技术对就业结构的冲击，世界经济论坛《2020未来就业报告》指出了未来世界范围内增长的职业和衰退的职业（见表4-2）。

表4-2　未来世界范围内增长的职业和衰退的职业

	增长的职业		衰退的职业
1	数据分析师和科学家	1	数据输入人员
2	人工智能和机器学习专家	2	管理和行政秘书
3	大数据专家	3	计算、图书管理和收银员
4	数据营销和战略专家	4	会计和审计
5	流程自动化专家	5	生产线和车间工人
6	商业开拓人员	6	商业服务和事务性管理人员
7	数据转换专家	7	信息咨询和客服人员
8	信息安全分析师	8	总经理和运营经理
9	软件及应用开发人员	9	机器和机械维修人员
10	互联网事务专家	10	物品记录和股票交易员
11	工程管理人员	11	金融分析师
12	市场服务和管理人员	12	邮政服务人员
13	大数据和网络专家	13	销售代理
14	机器人工程师	14	客户关系管理
15	战略咨询师	15	银行顾问和相关工作人员
16	管理和组织分析师	16	上门促销人员
17	FinTec工程师	17	电子通信安装和维修师
18	机械和机器维修师	18	人力资源专家
19	组织开发专家	19	培训和开发专家
20	风险管理专家	20	建筑劳动者

资料来源：世界经济论坛《2020未来就业报告》。

3. 数字技术对不同岗位劳动力替代

世界经济论坛《2018未来就业报告》估计，2008—2022年新兴工作岗位占比将从16%增加到27%；相反，传统工作岗位占比将从31%锐减至21%（见图4-3）。

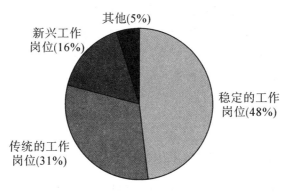

（a）2018 年工作岗位占比

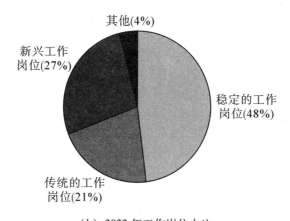

（b）2022 年工作岗位占比

图 4-3 2018—2022 年工作岗位占比变化

接受 2018 年世界经济论坛调查的公司总共有 1 500 多万名员工，这些公司目前估计将减少 98 万个工作岗位，增加 174 万个工作岗位。到 2022 年，由于人机劳动分工变化，7 500 万个工作岗位可能被取代，同时有 1.33 亿个新岗位出现，这些新岗位更适应新的劳动分工。

第二节 资本有机构成新变化的就业创造效应

在就业领域，数字经济已然成为我国新型、弹性就业的一个重要源泉，其发展态势反映了就业形势和经济走势。数字经济衍生的分享经济借助云计算、云服务中形成的生产资料虚拟性使用的特点，将资本非排他性用于资本投入，使资本更为充足，为经济增长和就业提供了源源不绝的资本新动力源。从目前发展来看，数字经济不仅成为人们自主择业的重要选择，而且也为社会特定群体提供了广泛的就业机会，在就业方面的"蓄水池"和"稳定器"的作用将更加凸显，越来越多的劳动者将根据自己的兴趣、技能、时间和资源，以弹性就业者的身份参与到各种数字经济活动中，成为就业领域一个重要的新增长点。

一、数字经济就业创造效应的形成机理

中国信通院《2021年数字经济就业发展报告》指出，数字经济就业是指以数字技术创新应用为核心技能，依托信息网络进行研发、生产、服务、管理等工作任务的相关就业。业界一般将数字经济分为数字产业化、产业数字化和数字化治理。数字产业化工作岗位包括电子信息制造业岗位、基础设施建设岗位和前沿数字技术岗位。产业数字化工作岗位包括数字农业岗位、数字工业和数字服务业岗位。数字化治理岗位包括数字化公共服务岗位和电子政务服务岗位。数字经济就业基本框架如图4-4所示。

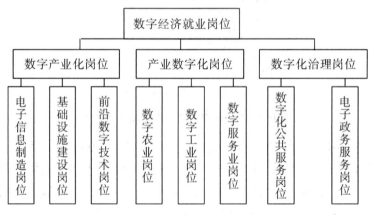

图4-4　数字经济就业基本框架

数字经济并不仅仅对劳动力需求有抑制作用，同时也对其有促进作用。Autor[1]研究发现数字经济将替代程式化任务的简单低技能劳动力，而对非程式化的灵活性、创造性和抽象性的高技能劳动力需求会增加。数字经济的发展一方面会冲击传统产业，使在传统产业部门工作的劳动者失

---

① AUTOR D SALOMON. Is automation labor-displacing? productivity growth，employment and the labor share［R］. NBER Working Paper，2018.

业；另一方面又会创造新的产业，形成对劳动者新的需求。经济增长率与资本技术构成密切相关，经济的迅速发展为我国就业提供了更多的岗位，从而可以有效地解决就业问题。

数字经济的快速发展有利于优化当前就业结构，实现稳就业的目标。数字技术的大规模应用已衍生出诸多经济运行新模式，并对就业生态、就业结构和就业方式产生了深远影响。目前，数字经济催生的新就业形态已经成为我国吸纳就业的重要渠道。发展数字经济，加强对灵活就业、新就业形态的支持，既能保障城镇劳动力就业，也能为农业富余劳动力转移就业创造空间，将成为我国优化就业结构、实现稳就业目标的重要选择。

数字经济的快速发展，引发了就业的深刻变革。一是催生灵活就业新模式。平台经济、共享经济、"众包""众创"等数字经济新模式新业态的快速发展，除了产生传统的雇佣型就业外，还催生了自主创业、自由职业、兼职就业等灵活就业新模式。数字技术、互联网平台等打破了传统组织边界，向个体提供市场、研发、生产等资源，降低了个体进入经济的壁垒，个体不必进入传统企业就可以从事经济活动，就业方式变得更加灵活多样。二是推动就业优化升级。数字经济的快速发展，互联网、大数据、云计算等数字技术加速产业化应用，使得计算能力进一步提升，计算成本大幅下降，数据分析处理能力大幅跃升，对越来越多的常规任务型工作的替代能力增强。与此同时，伴随着劳动力成本进一步上升，劳动力和自动化的成本收益比出现逆转，越来越多的中等技能人才通过参与培训、积极学习，向高技能就业岗位转移，从而带动了就业结构的优化升级。数字经济就业创造效应的形成机理如图4-5所示。

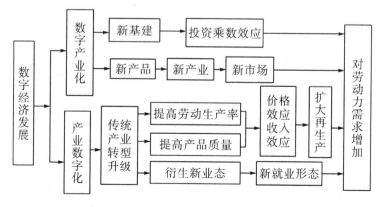

图4-5　数字经济就业创造效应的形成机理

从数字经济的具体构成来看，数字产业化需要扩大新基建，产生投资乘数效应，扩大对劳动力的需求。实现数字产业化能够开发新产品，形成新产业，开拓新市场，增加对具备数字技能的劳动力的需求。产业数字化推动了传统产业转型升级，提高了劳动生产率。第一，劳动生产率提高，生产单位使用价值的劳动耗费减少，产品成本下降、价格降低，对产品需求增加，企业规模扩大、对劳动力需求增加；第二，劳动生产率提高，劳动者收入增加，对产品需求增加，同样会使企业增加劳动需求；第三，劳动生产率提高，企业利润增加，企业规模也将进一步扩大，对劳动力的需求扩大。产业数字化衍生新业态和新就业形态，从而创造灵活就业岗位。

二、数字产业创造的新就业岗位概览

(一) 大数据的关键岗位

人类历史的不同阶段都有自己需要的"原材料"。在早期农业时代，土地就是万能的原材料。人类发展到工业时代，钢铁就是不可缺少的原材料。而如今我们踏入信息时代，"数据"就变成了我们的原材料。数据专家技能是数据创新驱动的关键因素。

大数据的关键岗位包括：

(1) 数据科学家：懂得数据应用，理解数据逻辑，搭建数据应用模型。

(2) 业务专家：懂得大数据应用逻辑，理解背后业务实践知识，帮助构建大数据业务应用模型。

(3) 大数据架构师：基于客户需求搭建合适的大数据架构模型。

(4) 大数据项目经理：负责具体行业应用咨询方案设计，解决具体项目问题。

(5) 大数据运营型专家：实现大数据运营服务型人才。

(6) 可视化专家：解决大数据应用可视化问题的专家人才。

(7) 信息安全工程师：解决以数据为中心的网络安全问题。

(8) 隐私专家：提高隐私保护措施。

(9) 首席数据供应链官：负责数据安全、监管和治理。

(二) 云计算的关键岗位

(1) 云计算咨询专家：为行业客户提供业务上云的咨询专家。

(2) 云迁移专家：协助数据、业务应用向云端迁移的专家。

(3) 云运营服务专家：提供基于云平台的运营服务型专家。

（三）物联网的关键岗位

（1）IOT 架构师：物联网平台架构设计及端到端解决方案设计。

（2）嵌入式工程师：物联网应用方案开发，物联网平台接入，应用协议移植与开发等。

（3）工业交互工程师：提供工业交互、工业设计开发。

（4）IOT 方案项目经理：负责具体行业应用咨询方案设计，解决具体项目问题。

（四）人工智能的关键岗位

人工智能的关键岗位包括：

（1）人工智能科学家：负责核心技术应用突破。

（2）架构师：负责人工智能行业应用搭建，售前方案技术支持。

（3）算法工程师：机器视觉系统、图像处理开发及算法优化和性能等优化工作。

（4）NLP 工程师：机器学习、深度学习、NLP 技术完成并优化文本分类，平台语料获取，包括互联网、日志等，并进行相应分析分类、聚类。

（5）人工智能咨询专家：拓展图像识别、语音处理、视频处理、数据智能、增强现实、智能客服等技术的对外合作，探索前沿技术与现有业务领域的整合，并能形成初步指明发展方向。

（五）区块链产业人才岗位

区块链产业人才岗位包括区块链核心研发岗位、区块链实用技术岗位和区块链行业应用岗位。区块链核心研发岗位人才具体岗位包括：区块链底层架构师；密码算法工程师；隐私保护研发工程师；共识机制开发工程师；SDK 研发工程师；区块链分布式网络研发工程师；区块链虚拟机研发工程师；区块链算法工程师。区块链实用技术岗位人才具体岗位包括：智能合约开发工程师；安全研发工程师；软件安全研发工程师；区块链测试工程师；区块链运维工程师；区块链应用架构师；应用开发工程师。区块链行业应用岗位人才具体岗位包括：区块链行业产品经理；区块链金融行业工程师；区块链供应链金融行业工程师；区块链司法行业工程师；区块链政务行业工程师；区块链版权行业工程师；区块链物联网行业工程师。

（六）智能机器人行业催生的新职业

尽管机器人的广泛使用会导致普通工种的工作机会减少，但同时也会创造出新的高度专业化的工作需求。工业机器人作为技术集成度高、应用环境复杂、操作维护较为专业的高端装备，有更多层次的人才需求。

智能机器人软件类岗位包括：机器人软件开发；机器人活动设计师；音频工程师；图形用户界面开发工程师；应用设计师。

智能机器人硬件类岗位包括：机械工程师机器人维修师；电子工程师；固件工程师。

管理层岗位：首席人工智能官（CAIO）；依靠首席信息官（CIO）；首席技术官（CTO）。

三、数字经济的就业吸纳能力

党中央、国务院高度重视数字经济发展及其对就业的带动作用。2020年7月14日，发改委等13个部门联合发文，提出支持新业态、新模式健康发展，激活消费市场带动扩大就业，打造数字经济新优势。

以网约车司机、网约配送员、电商主播等为代表的新就业形态，具有兼职性、灵活性、公平性等特点，发挥着就业"蓄水池"和"稳定器"的作用。我们的调查显示，滴滴平台的司机平均年龄为37岁，超8成司机需要抚养未成年子女，超9成司机需要赡养老人，他们是家里的顶梁柱，开网约车是他们改善家庭生活的重要渠道[①]。

在出现巨大挑战的同时，数字经济发展也会创造新的就业增长点，为人力资源结构提升带来机遇，创造新的就业岗位。在产业链中工作任务不同，按岗位类别可以分为技术运维从业人员和数字经济管理及服务业从业人员。其中，技术运维从业人员指的是从事数字技术相关技术研究、开发、维护的人员，包括：对数字制造装备、生产线进行设计、安装、调试、管控和应用的工程技术人员以及对数字产品进行设计、编码、测试、维护和服务的工程技术人员。如，智能制造工程技术人员、人工智能训练师等数字经济管理及服务业从业人员。其主要指的是运用数字技术及数字化工具进行管理、服务的人员。包括应用数字化工具或数据分析，进行产品设计、采购、生产、销售、服务等管理和服务人员以及依托数字平台，进行销售运营、顾客服务、视觉营销等工作的管理和服务人员如，网络运营人员、网约配送员等。

---

① 中国社会科学院数量与经济研究所，滴滴发展研究院数字经济新就业形态发展报告（2020）。

从总体来看，数字经济吸纳的就业人数从2007年的4 411万人增加到2018年的19 100万人，所占总就业比重从2007年的5.9%上升到2018年的24.6%（见图4-6）。

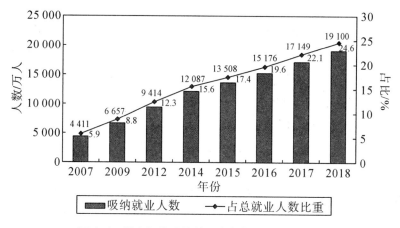

图4-6　数字经济吸纳就业人数与占总就业比重

资料来源：《中国数字经济就业发展研究报告：新形态、新模式、新趋势（2020）》。

从总体结构上来看，2020年数字产业化就业岗位占比显著高于同期数字产业化实现的GDP占比，高端就业吸纳能力强。从数字经济结构上来看，数字产业化领域招聘岗位占总招聘数量的32.6%，占总招聘人数比重为24.2%；同期，数字产业化增加值规模约占数字经济规模的20%。

在数字经济时代，资本有机构成的变化对社会就业的影响明显具有差异化和多样化的特点。产业数字化领域则是就业吸纳主体，呈现第三产业大于第二产业，第二产业大于第一产业的特征。2020年在数字经济结构方面，产业数字化领域招聘岗位占总招聘岗位数的67.5%，招聘人数占总招聘人数的75.8%，吸纳数字经济就业能力更强。从招聘岗位来看，第三产业数字经济就业岗位占比高达60.2%，远高于第二产业的7.1%和第一产业的0.1%；第三产业的岗位薪资也高于第二产业和第一产业。第三产业中，科研和生活性服务业是就业需求"主战场"，第二产业中高科技产业推动就业效果明显，而第一产业的数字经济岗位还有待强化。

第三节　资本有机构成新变化的就业补偿效应

发达国家由于人口增长缓慢、薪酬水平高，其中低收入岗位一直面临劳动力短缺的困扰。近年来，即便是在全球经济走低的情况下，发达国家"就业不充分"与"劳动力短缺"并存，后者造成的负面影响甚至更大。美国失业率从 2010 年开始持续下滑，劳动参与度大幅下降 5%，这说明失业率的改善是由于大量失业人口退出劳动市场造成的。日本是全球老龄化程度最严重的人口大国，由于贯彻更加严格的移民政策和执行非常严苛的外籍劳工雇佣制度，日本面临的劳动力短缺更为严重。数字经济发展为解决劳动力短缺问题带来了契机。数字经济能够帮助发达国家更大程度替代就业岗位，特别是对于不可贸易的服务产品，数字经济能够有效替代低技术含量的脑力劳动岗位。

我国近年来劳动要素供给也日益紧缺，"民工荒"已有数十年之久，招工难问题从沿海发达地区蔓延到了内陆地区。特别是工作强度大、劳动时间长、工资收入低的劳动密集型制造业出现了员工收入难以提高和企业用工成本过高的两难局面。在这些行业采用数字技术不仅能够缓解"民工荒"困境，还能够提升我国产业发展的竞争力。

一、我国人口老龄化程度加剧

根据联合国 1956 年确定的划分标准，当一个国家或地区 65 岁及以上老年人在总人口中占比超过 7% 时，则表明该国家或地区进入老龄化状态。根据 1982 年维也纳老龄问题世界大会确定的标准，60 岁及以上老年人口占总人口比例超过 10%，是该国家或地区人口进入老龄化的标志。2000 年我国 65 岁及以上人口占比 7.0%，老年抚养比为 9.9%。根据第七次全国人口普查数据最新数据，2020 年我国 60 岁及以上人口占比 18.70%，其中 65 岁及以上人口占比 13.50%。与 2010 年第六次全国人口普查相比，60 岁及以上人口的比重增加了 5.44%，65 岁及以上人口的比重增加了 4.63%（见图 4-7）。

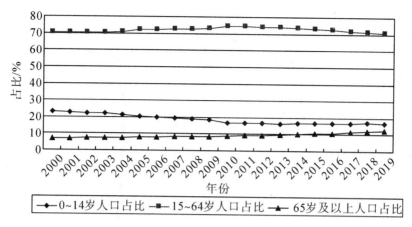

图 4-7　2000—2019 年我国人口年龄结构变化

二、劳动参与率呈下行趋势

随着老龄化的到来，劳动年龄人口占比下降及教育和收入水平提升等因素，劳动参与率会呈下行趋势，2000—2019 年，我国劳动力参与率从 2000 年的 77.31% 降至 2019 年的 69.60%（见图 4-8）。

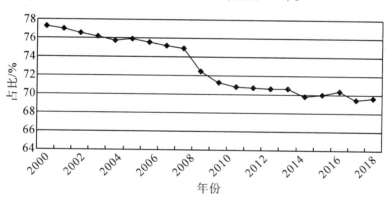

图 4-8　2000—2019 年我国劳动力参与率

注：我国劳动力参与率根据每年劳动力人数除以 15 岁以上的成年人口数量得来。

资料来源：根据中国劳动统计年鉴数据整理。

三、机器补位

我国开始进入人口老龄化快速发展期。2000 年 65 岁及以上老人占比为 7.0%，2010 年占比为 8.87%，2020 年 65 岁以上老人占比上升到

13.5%。随着我国劳动力成本快速上涨，人口红利逐渐消失，生产方式向柔性、智能、精细转变，构建以数字制造为根本特征的新型制造体系迫在眉睫。我国工业机器人新装机量有望继续保持较快速度增长，应用领域和区域也将不断扩展。随着关键岗位机器人替代工程、安全生产人化专项工程和新的应用示范政策的不断落实，工业机器人的应用领域将有望延伸到劳动强度大的纺织、物流行业，危险程度高的国防军工、民爆行业，对产品生产环境洁净度要求高的制药、半导体、食品等行业，以及危害人类健康的陶瓷、制砖等行业。

从图 4-9 可以看出，随着我国人口老龄化程度的上升，工业机器人安装量基本上呈线性增加，填补了我国部分劳动力短缺岗位的空白。

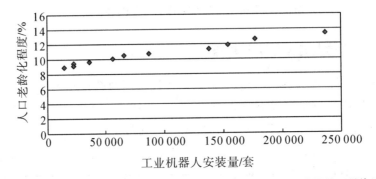

图 4-9 2010—2020 年我国人口老龄化程度与工业机器人安装量关系散点图

资料来源：根据国际机器人联盟及中国劳动统计年鉴公开数据整理。

第四节 资本有机构成新变化的就业极化效应

一、就业极化效应的内涵

美国麻省理工学院教授大卫·奥托尔认为，信息技术的崛起是导致中级技能人员减少的"罪魁祸首"。与此同时，绝大多数的职位增长出现在两极需要极高技能的高薪行业以及不需要多少技能的低薪服务业，奥托尔称之为"工作机会两极化"。马丁·福特指出："经济又消灭中产阶级的倾向，然后用要么是低工资的服务性工作，要么是专业的高技能工作取代他们，这一现象被称为'就业市场的两极分化'。职业两极分化造成了沙漏装的就业市场，求职者如果不能在顶端找到理想的工作，就只会跌落到底部。"① 又如美国数字经济时代最前沿的思想家埃里克·布莱恩约弗森和安德鲁·麦卡菲所说："拥有特殊技能的劳动者或者接受过符合社会发展需求教育的人，将迎来一个绝佳的机遇期，因为这些人能够利用手中所掌握的技术去创造和获取价值。然而，对于那些仅仅掌握了普通技能而且各种能力平平的劳动者来说，这将是一个非常糟糕的时代，因为计算机、机器人和其他数字技术也正在以一种可怕的速度获取这种技能。"② 劳动市场的两极化，或"空心化"，这一趋势不仅出现在发达国家，在发展中国家也愈加明显。高技能与低技能岗位的就业比例提高，而中等技能岗位的就业率在大多数发展中国家都有所下降。

在数字经济时代，随着信息产业的壮大，资本有机构成部分行业在一段时期出现下降。由于单位劳动力价值的上升趋势大大抵消了它对就业量的扩张力，所以资本有机构成的下降更多的是对社会就业结构产生深远影响。在新经济时代，第三产业、信息产业在社会经济中的比重日益提高，人力资本中不同年龄和不同知识水平的劳动力，在就业竞争中的竞争力也完全不同。总体来看，不同年龄段的劳动力对新技术的适应能力不同，知识老化的高龄劳动力在社会就业中的数量在减少，而掌握现代信息技术的相对年轻的劳动力则有着更多的就业机会。社会对大学以上的高素质劳动力的需求在增加，对文化水平较低的低素质劳动力的需求在减少。从我国城镇不同行业的就业情况来看，近几年在信息传输、计算机、软件开发等行业中的就业人员的大多数分布在16~34岁这个年龄段，他们也相应地具备比较高的学历和知识水平。这种情况说明，社会失业问题的严重性在很大程度上取决于劳动力知识结构与产业结构的匹配程度。数字经济推动了我国就业结构优化升级，互联网、大数据、人工智能等数字技术渗透到产业中，逐渐取代低技能劳动者，同时促使低技能劳动者参加培训、努力学习，提高自身的能力，向高技能就业岗位转移，从而促进就业结构的优化。

---

① 福特. 机器人时代：技术、工作与经济的未来 [M]. 王吉美，牛筱萌，译. 北京：中信出版社，2015：54.

② 布莱恩约弗森，麦卡菲. 第二次机器革命：数字化技术将如何改变我们的经济与社会 [M]. 蒋永军，译. 北京：中信出版集团，2016：15.

二、世界范围内数字经济引起的就业极化现象

1. OECD国家就业技能构成的变化

从表4-3可以看出，自1995年开始，绝大多数OECD国家就业极化效应明显：高技能工作岗位与低技能工作岗位的数量在增加，同时中技能工作岗位的数量在减少。也有个别欧盟国家不但中技能工作岗位在减少，而且低技能工作岗位也在减少，如瑞士、斯洛文尼亚、匈牙利、捷克共和国（见表4-3）。

表4-3 1995—2015年OECD国家按国别分就业技能结构变化

国别	低技能	中技能	高技能
澳大利亚	3	−16.8	13.8
瑞士	−0.01	−15.56	15.57
冰岛	0.71	−15.1	14.4
西班牙	3.39	−13.6	10.2
希腊	8.67	−13.2	4.51
丹麦	4.48	−12.7	8.23
法国	4.12	−12.1	7.99
瑞典	2.96	−11	8.02
葡萄牙	2.73	−10.7	8.02
英国	1.12	−10.2	9.12
挪威	3.92	−10	6.12
北爱尔兰	4.21	−9.74	5.53
芬兰	0.77	−9.71	8.94
意大利	4.55	−9.33	4.78
德国	3.42	−8.16	4.74
比利时	1.35	−7.33	5.98
美国	1.23	−6.56	5.33
斯洛文尼亚	−2.26	−6.5	8.8
加拿大	1.83	−6.15	4.32
斯洛伐克	0.87	−5.39	4.52
日本	2.64	−5.18	2.54
匈牙利	−5.04	−2.51	7.54

表4-3（续）

国别	低技能	中技能	高技能
捷克共和国	−5.01	−2.08	7.09
总计	1.93	−9.52	7.6

资料来源：OECD 数据库。

2. 发展中国家就业技能构成的变化

发展中国家对低技能和中技能工作需求量的变化符合技术发展和全球化进程的一般规律。在中国、巴西、墨西哥、南非、土耳其等国存在高低技能就业占比增加、中技能就业占比减少的就业结构极化现象。在印度、俄罗斯不但中等技能就业占比减少，而且低技能就业占比也在减少。在欠发达国家阿尔几内亚、秘鲁，中等技能岗位反而在增加（见表4-4）。

表 4-4　发展中国家按技能划分的成年就业者所占百分比变化

国别	低技能	中技能	高技能
阿尔几内亚	−6.43	8.74	−2.31
巴西	3.02	−9.47	6.45
智利	3.28	−5.53	2.25
中国	7.11	−8.39	1.29
哥斯达黎加	10.06	−22.04	11.98
印度	−0.94	−6.77	7.71
印度尼西亚	1.29	−3.58	2.29
墨西哥	10.50	−14.29	3.78
秘鲁	−1.28	2.41	−1.13
俄罗斯联邦	−1.73	−5.73	7.45
南非	6.82	−8.82	2.01
土耳其	9.62	−12.33	2.71

资料来源：ILO KILM，www.ilo.org/kilm。

三、我国发展数字经济引起就业结构变化

技术正在重塑工作所需的技能。随着数字技术的发展，对于认知技能、专业化技能、社会情感技能的工作需求正在增加。按照世界银行2016年报告《数字红利》和2019年报告《工作性质的变革》的判断，我国不

同技能劳动者的就业状况，没有出现显著的两极分化问题，而是呈现中高技能偏向型发展特征。

1. 根据受教育程度划分

本书根据 OECD 的 Krueger（1993）的做法，以受教育年限作为技能水平的代理变量，把高中毕业就业人员看作中技能，高中以上受教育程度视为高技能，高中以下学历为低技能。从数据来看，我国大学专科、本科及研究生学历在全部就业人员中所占比重自 2000 年以来不断上升，高中学历就业人员的占比从 2016 年开始下降，高中以下学历就业人员的占比在 2008 年国际金融危机后逐年下降。全国就业人员受教育程度构成如图 4-10 所示。

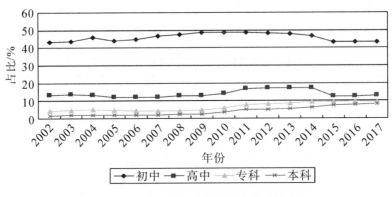

图 4-10　全国就业人员受教育程度构成

2. 根据不同职业划分

我们在分析人力资源和社会保障部公布的 2008—2019 年数据后发现，非常规工作任务呈现明显的增加趋势，常规工作任务的下降却非常明显。这与国际经验是一致的。从图 4-11 可以看出，一是从事非程序性认知工作的专业技术人员就业比重在增加。这反映了技术偏向型技术进步对高端劳动力的需求。二是商业、服务业人员的就业比重在持续增加。这反映了新技术对非程序性认知和操作工作岗位需求的增加，显示出新技术在不断创造新的工作和任务。三是自 2013 年开始逐步扩大对工业机器人使用后，生产运输设备操作人员就业比重就在逐渐减少。这反映了重复性工作任务对具体工作技能的需求呈现下降的趋势。

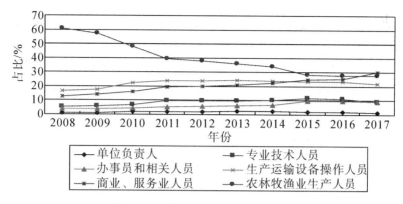

图 4-11 全国就业人员的职业构成

资料来源：根据《中国劳动统计年鉴》的数据整理。

3. 按技术等级划分

此外，数据表明，技术进展将增加对高技能职工的需求，低端技术人员的劳动力市场将会萧条。如薪资管理软件、自动化工厂、自动化存货和文字处理等技术被用于日常工作后，工厂工人、从事机械式信息处理和办公室文员等很多工作便被智能设备代替了。比如大数据分析、高速通信等技术需要较强的抽象分析和推理能力，进而增加了工程师们的设计和创造价值。这种技术的发展带来的实际就业效应是降低了对低技能劳动力的需求，增加了对高技能劳动力的需求。在低端就业与高端就业保持增长的同时，中端就业市场可能萎缩，于是就业出现两极分化。随着产业结构提档升级、智能技术向各行业溢出、新业态兴起，我国经济发展对各类高层次人才需求的规模急剧扩大。劳动力市场的供求状况可用求人倍率来反映。求人倍率反映了当期劳动力市场中每个岗位需求所对应的求职人数，求人倍率越高，说明需求人数越多，而求职者供不应求。进入 21 世纪以来，我国高技能人才长期短缺，求人倍率多在 2 以上（见图 4-12）。

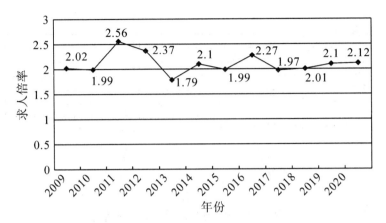

图 4-12　2009—2020 年我国高级专业技术职务求人倍率变化

资料来源：根据中国人力资源市场信息监测中心关于城市公共就业服务机构市场供求状况分析的数据制图。

第五章 数字农业与农业就业人数的绝对减少

第一节 我国数字农业的发展现状

一、政府政策引导

迈入 21 世纪以来，中国的农业发展也由依靠资源投入的传统农业逐渐转向依靠高新科学技术（农业大数据、农业机器人、精准农业、农业物联网、人工智能等）的现代农业阶段，机械化与智能化成为农业发展的新特点，信息感知、定量决策、智能控制、精准投入、个性服务成为农业发展的新趋势，我国目前约 40% 的农户开始在农业生产中采用智能设备。

为了提升农业智能化程度，我国政府结合时代背景和具体国情发布了一系列数字农业政策。2016 年《全国农业现代化规划（2016—2020）》提出"智慧农业引领创新工程"的农业现代化实施战略。2017 年 6 月 14 日，科技部、农业部、国家海洋局等 16 个部委联合印发《"十三五"农业农村科技创新专项规划》，将农业的科技创新与产业发展提上了发展日程。2017 年 7 月，国务院印发《新一代人工智能发展规划》，提出要研制农业智能传感与控制系统、智能化农业装备、农机田间作业自主系统等；建立完善的天空地一体化的智能农业信息遥感监测网络，建立典型农业大数据智能决策分析系统；要开展智能农场、智能化植物工厂、智能牧场、智能渔场、智能果园、农产品加工智能车间、农产品绿色智能供应链等集成应用示范。

二、数字技术在农业领域的应用现状

根据联合国发布的世界人口趋势报告，到 2045 年地球上的人口将达到 90 亿。人口增长对农业生产提出了更高的需求，没有额外的土地用于生产，就要在现有条件下增加更多的粮食供应。同时，还要面临着因农药和化肥等过度使用所造成的环境污染以及食品安全问题等。要解决上述问题，可以利用人工智能技术，如农产品采摘机器人、农作物病虫害智能识别系统、农业生产数据分析和产量预测系统、畜禽物联网智能穿戴产品等，达到优质、高产、高效、集约、环保和安全的目的。当前，人工智能技术正在成为改变农业生产方式、推进农业供给侧改革的强劲动力，在多种农业场景得到广泛应用。数字农业包括：

1. 种植业信息化

精细农业要求实时收集和处理数据，帮助农民在种植、施肥、收获作物时做出最佳决策。人工智能技术可用来收集分析农业数据，依托农业物联网监测控制体系，使用卫星图像和无人机拍摄实时照片，卫星图像可以展示作物成熟度，并与天气模型结合，提前进行产量预测。同时，结合大中小各类农业机械和机器人作业可节约时间、解放人力，实现土壤快速分析、自动耕作、自动施肥给药、自动灌溉、自动收获、自动采后处理（搬运、监测、分类等）和自动储藏。政府应加快发展数字农情，利用卫星遥感、航空遥感、地面物联网等手段，动态监测重要农作物的种植类型、种植面积、土壤墒情、作物长势、灾情虫情，及时发布预警信息，提升种植业生产管理信息化水平。加快建设农业病虫害测报监测网络和数字植保防御体系，实现重大病虫害智能化识别和数字化防控。建设数字田园，推动智能感知、智能分析、智能控制技术与装备在大田种植和设施园艺上的集成应用，建设环境控制、水肥药精准施用、精准种植、农机智能作业与调度监控、智能分等分级决策系统，发展智能"车间农业"，推进种植业生产经营智能管理。

2. 智慧林业

智慧林业将在数字林业的基础上，全面应用云计算、物联网、移动互联、大数据等新一代信息技术，使林业实现智慧感知、智慧管理、智慧服务。智慧林业提供了新的发展模式，有利于推进信息技术与林业深度融合，助力林业生产和组织管理，对林业生产的各种要素实行数字化设计、智能化控制、科学化管理；对森林、湿地、沙地、生物多样性的现状和动态变化进行有效监管；对生态工程的实施效果进行全面、准确的分析评价；对林业产业结构进行优化升级，引导绿色消费、促进绿色增长；为林农群众提供全面及时的政策法规、科学技术、市场动态等信息服务。智慧林业推动了林业发展理念和发展模式的创新，为林业现代化奠定了基础。

3. 畜牧业智能化

政府应积极推进基于物联网技术布控的智能养殖场建设工程，通过大量传感器和摄像监控设备的安装，对养殖场的生长环境（如温度、湿度和光照等）和畜禽个体生命特征进行实时动态的智能化监控，并汇集成畜牧业大数据，由计算机控制系统进行智能化分析决策并发布命令，实现精准饲喂、疾病防治预警，从而减少饲料的使用、兽药的滥用，达到科学养殖的目的，还能节约养殖成本，降低疫情疫病风险。同时，辅助以养殖作业机器人代替人工作业，加强畜禽圈舍的清理，可以改善长期脏乱差的养殖环境，提高畜牧业的生产效率，从而增加养殖收入。强化畜禽产品的质量安全，构建畜禽产品全生命周期的安全监管监测系统，明确规定监督实施畜禽电子身份证制度，从畜禽养殖源头起必须配置耳标，利用射频识别（RFID）、二维码等技术记录畜禽养殖流通全过程，如饲喂情况、疫病防疫情况、宰杀情况、质量认证情况、冷链运输情况、养殖场信息、加工厂信息等，建立畜禽身份信息、养殖信息、肉质加工信息、流通信息的电子档案，确保畜禽产品质量可追可溯，杜绝重大动物疫情疫病事件的发生。因此，要建设数字养殖牧场，推进畜禽圈舍通风温控、空气过滤、环境感知等设备智能化改造，集成应用电子识别、精准上料、畜禽粪污处理等数字化设备，精准监测畜禽养殖投入品和产出品数量，实现畜禽养殖环境智能监控和精准饲喂；加快应用个体体征智能监测技术，加强动物疫病疫情的精准诊断、预警、防控；推进养殖场（屠宰、饲料、兽药企业等）数据直联直报，构建"一场（企）一码、一畜（禽）一标"动态数据库，实现畜牧生产、流通、屠宰各环节信息互联互通；加快建设数字奶业云平台。

4. 渔业智慧化

政府应推进智慧水产养殖，构建基于物联网的水产养殖生产和管理系统，推进水体环境实时监控、饵料精准投喂、病害监测预警、循环水装备控制、网箱自动升降控制、无人机巡航等数字技术装备普及应用，发展数字渔场；以国家级海洋牧场示范区为重点，推进海洋牧场可视化、智能化、信息化系统建设；大力推进北斗导航技术、天通通信卫星在海洋捕捞中的应用，加快数字化通信基站建设，升级改造渔船卫星通信、定位导航、防碰撞等船用终端和数字化捕捞装备；加强远洋渔业数字技术基础研究，提升远洋渔业资源开发利用的信息采集分析能力，推进远洋渔船视频监控的应用。发展渔业船联网，推进渔船智能化航行、作业与控制，建设涵盖渔政执法、渔船进出港报告、电子捕捞日志、渔获物可追溯、渔船动态监控、渔港视频监控的渔港综合管理系统。

2018 年，中国农业数字经济占增加值比重仅为 7.3%。农业由于行业生产的自然属性，数字化转型需求相对较弱，2019 年农业数字经济增加值占行业增加值比重为 8.2%，同比提升 0.9 个百分点，但仍显著低于行业平均水平，数字化发展潜力较大。

三、我国数字农业面临的挑战

我国农业数字化相对滞后，在农业发展的智能化、数字化、网络化方面仍具有诸多挑战。人工智能在农业应用除了要克服技术上的困难，还要考虑农业生产的地理位置、周围环境、气候水土、病虫害、生物多样性、复杂的微生物环境等众多因素，因此人工智能农业领域的应用才刚刚开始，面临的挑战比其他任何行业都要大。2018 年，我国农业数字经济比重平均值仅为 7.3%，较 2017 年提升 0.72 个百分点，农业生产数字化水平仍较低，大大低于全行业数字化平均水平，农业数字化发展潜力仍然很大。数字经济比重由高到低依次为林、渔、农、畜，比重最高的林产品行业数字经济比重仍不足 13%，远低于服务业和工业平均水平，比重最低的畜牧产品数字经济比重不足 5%，低于绝大多数服务业和工业行业，农业数字化转型仍相对滞后，存在较大提升空间①。

第二节　数字经济下农业资本有机构成大幅度提高

我国当前处于产业结构升级的发展阶段，科学技术的使用提高了第一产业劳动生产率，就业人数逐年下降，这意味着劳动密集型产业资本有机构成始终保持着提高的趋势。

---

① 中国信息通信研究院. 中国数字经济发展与就业白皮书（2019 年）。

一、农业资本技术构成的变化

由于数字农业技术的推进，农业资本有机构成中数字设备占比大幅度上升，农业劳动力占比显著下降。2010—2018 年，我国农业资本技术构成从 104 498∶1 上升到 1 436 552∶1。从农业细分行业资本有机构成变化来看，狭义农业（种植业）从 48 888∶1 上升到 1 358 349∶1，林业从 80 000∶1 上升到 426 741∶1，畜牧业从 367 944∶1 上升到 5 285 546∶1，渔业从 225 000∶1 上升到 479 566∶1，农林牧渔服务业从 192 565∶1 上升到 1 684 896∶1。其中，种植业资本技术构成增幅最快，为 27.78 倍；林业增幅最慢，为 5.3 倍（见表 5-1）。

表 5-1　农业资本技术构成变化

年份	2010	2011	2012	2013	2014	2015	2016	2017	2018
总体	104 498	189 680	258 837	386 736	512 087	706 000	865 269	964 682	1 436 552
农业	48 888	123 819	169 359	236 101	326 986	498 370	658 891	772 389	1 358 349
林业	80 000	99 653	122 200	186 343	229 120	297 113	349 790	381 132	426 741
畜牧业	367 944	629 712	854 106	1 722 443	2 330 482	3 072 727	3 563 240	3 938 111	5 285 546
渔业	225 000	927 500	1 363 157	2 058 250	2 190 828	2 968 866	3 391 156	3 890 000	4 795 666
农林牧渔服务业	192 565	293 707	483 865	751 531	939 338	1 272 916	1 436 339	1 408 263	1 684 896

注释：表中数据均与 1 比。

资料来源：根据《中国固定资产统计年鉴》和《中国劳动统计年鉴》数据整理。

二、农业资本价值构成变化

由于数字农业技术推进，农业资本技术构成中数字设备占比大幅度上升，推动农业资本价值构成的上升。2010—2018 年，我国农业资本价值构成从 6.26∶1 上升到 38.78∶1。从农业细分行业资本价值构成变化看，狭义农业（种植业）从 3.13∶1 上升到 43.25∶1，林业从 5.18∶1 上升到 10.62∶1，畜牧业从 26.20∶1 上升到 154.16∶1，渔业从 22.54∶1 上升到 91.63∶1，农林牧渔服务业从 8.07∶1 上升到 31.09∶1。其中，种植业资本价值构成增幅最快，为 12.81 倍；林业资本价值构成增幅最慢，为 1.05 倍（见表 5-2）。

表 5-2　农业资本价值构成变化

年份	2010	2011	2012	2013	2014	2015	2016	2017	2018
总体	6.26	9.77	11.53	15.04	18.01	22.09	25.81	25.93	38.78
农业	3.13	6.69	7.97	9.59	11.87	16.81	21.94	22.84	43.25
林业	5.18	5.35	5.65	7.86	8.67	9.51	10.19	10.18	10.62
畜牧业	26.20	38.22	42.62	69.52	87.58	101.14	110.43	112.18	154.16
渔业	22.54	39.500	50.29	64.57	59.90	70.68	75.88	133.91	91.63
农林牧渔服务业	8.07	10.27	15.20	20.57	24.63	27.26	28.13	25.34	31.09

注释：表中数据均与 1 比。

资料来源：根据《中国固定资产统计年鉴》和《中国劳动统计年鉴》数据整理。

三、农业资本技术构成与价值构成的关系

2010 年以后，得益于国家对农业科学技术的普及以及机器设备的引进，农业固定资本投资额飞速增长。第一产业中劳动生产率、资本技术构成与资本价值构成始终处于增长趋势，并且资本技术构成的提高程度远远高于资本价值构成的提高程度。农业社会劳动生产率的提高主要是依靠节约活劳动，如引用数字设备来代替传统的劳动力，由此就业人数逐年下降（见图 5-1）。

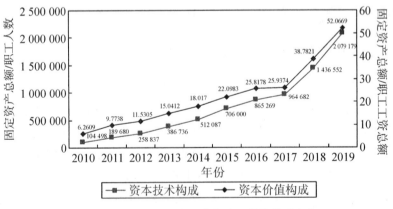

图 5-1　我国农业资本技术构成和价值构成变化

第三节　数字农业对就业的挤出效应

马克思在分析潜在形式的流动人口时指出："租地农场主采用了更多的机器，工人转瞬间又'过剩'到连租地农场主也感到满意的程度。同以前相比，现在投入农业的'资本更多了'，并且采用了生产效率更高的形式。这样一来，对劳动的需求不仅相对地下降，而且绝对地下降了。"①"资本主义制度一旦占领农业，在那里对劳动的需求就随着资本的积累而绝对地减少。在农业部门，对人口的排斥不像在其他产业中那样，会由于更大规模的吸引而得到补偿。因此，一部分农村人口经常准备着转入城市或制造业人口，经常等待着有利于这种转化的条件。"②"资本主义生产方式由于它的本性，使农业人口同非农业人口比起来不断减少，因为在工业（狭义的工业）中，不变资本比可变资本相对增加，是同可变资本的绝对增加结合在一起的，虽然可变资本相对减少了；而在农业中，经营一定土地所需的可变资本则绝对减少，因此，只有在耕种新的土地时，可变资本才会增加，但这又以非农业人口的更大增加为前提。"③虽然时代已发生变化，我们社会制度与资本主义制度也存在重大差异，但马克思有关机器和大工业时代农业就业变化规律的论述仍对我们有借鉴价值。

一、农业就业比重下降是世界范围内普遍规律

1. 发达国家农业就业占比变化

作为世界上最大的政治经济联合体和最重要的区域一体化组织，欧洲联盟现有 27 个成员，人口多达五亿，GDP 总量位于全世界之首。欧盟成员多、产业分类和结构复杂、发展水平参差不齐。欧盟 15 个老成员的产业结构较为相似，农业在整个国民经济中所占的比重较小，一般都在 2% 左右，希腊的水平偏高为 3%。

从图 5-2 可以看出，欧盟老成员第一产业就业比重较低，基本在 5%以下，而一些新成员如波兰，其第一产业的就业比重高达 18.8%。

---

① 马克思. 资本论：第三卷 [M]. 北京：人民出版社，2004：735.
② 马克思. 资本论：第三卷 [M]. 北京：人民出版社，2004：740.
③ 马克思. 资本论：第三卷 [M]. 北京：人民出版社，2004：718.

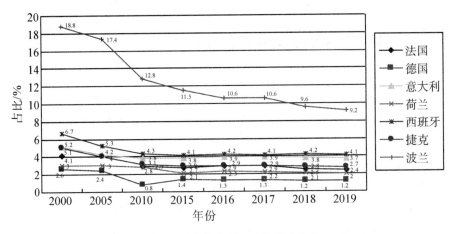

图 5-2　欧盟部分国家农业就业占比

资料来源：根据《国际统计年鉴（2020）》和《世界发展指标》整理。

2. 美国农业就业占比的变化

早期移民来到北美这块气候温润、土地肥沃的新大陆后，所从事的几乎都是农业。其后虽然工业化使得制造业迅速发展，但是到 19 世纪 20 年代，农业在美国经济总量中占的比例仍高达 70% 以上。19 世纪末，美国还有一半的劳动力在从事农业。但以后就出现了持续的下降。从二战后到 21世纪的今天，美国的第一产业由 200 亿美元增加到 1 000 多亿美元，增长了约 5 倍。但第一产业占 GDP 的比重从 8% 递减到 1% 以下，第一产业占 GDP 的比重持续下降。这并不是说明美国农业在衰落，相反说明了农业生产保持着稳定的增长，只是与第二产业和第三产业的增加值相比，农业所占的比例缩小了。农业科学技术和管理的巨大进步，使得大量过去从事农业的劳动力得以转移到创造价值更高、收入更加丰厚的制造业和服务业中去，有力地支持了美国经济的工业化和城市化的进程。美国农业调整的另一特点是农产品的深度加工和销售，以及促进农业发展的支持系统。为了缓和气候和市场突变对农业生产者的沉重打击，芝加哥实物期货市场组建了"农业综合经济"体系。这个庞大体系包括了农场主、农业公司，食品和其他农产品加工业，农业种子和化学公司，农业合作社以及农业银行，农产品运输公司和农用设备制造商，含农业内容的保险公司，还有农副产品的销售系统。一个占 GDP 2% 的农业，可以直接带动和支撑占 GDP 20% 的巨大产业。

21 世纪以来,由于产业结构的进一步调整和升级,美国就业结构出现了明显的变化。2019 年,第一产业就业比重下降到了 1.34%（见图 5-3）。

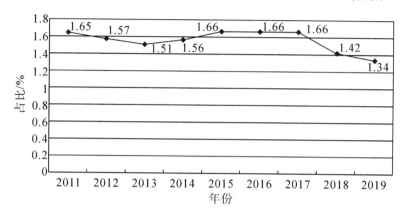

图 5-3　美国农业就业占比

资料来源:根据《国际统计年鉴（2020）》及《世界发展指标（2020）》整理。

3. 日本农业就业占比的下降

2000 年以后,日本的经济形势出现了转机,进入回复性增长阶段,产业结构的升级、就业促进和能源节约取得了实质性成就。由于产业技术和劳动生产率的提高,经济增长对就业增长的带动作用逐步缩小,甚至导致就业总量下降。分三次产业来看,第一产业的就业人数长期出现负增长趋势,就业产业比重 2011 年为 3.96%,2019 年为 3.42%,主要是受第一产业占 GDP 比重不断下降的影响（见图 5-4）。

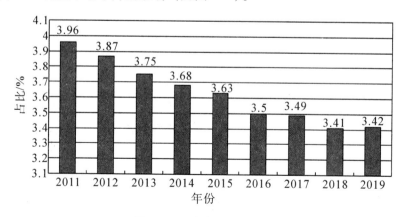

图 5-4　日本农业就业占比

资料来源:根据《国际统计年鉴》（2008—2020）数据整理。

二、金砖国家农业就业占比的变化

金砖五国，是指近年来全球经济体中发展最快的五个发展中国家，即巴西、俄罗斯、印度、中国、南非。目前，五个国家人口达到 28 亿，占全球人口的 42%；国土面积占全世界近 30%；五国的经济总量占全球的18%，外贸总额占全球的 15%，吸引外资占全球的 43%。

从图 5-5 可以看出，2006 年以来巴西第一产业就业人员比重在不断下降，由 2000 年的 18.5% 下降到 2012 年的 14.2%。在经济调整过程中，印度农林渔业就业人数也在不断下降。印度三次产业就业变动总的趋势是：第一产业的就业比重下降，第二产业、第三产业的就业比重增加。其中，第一产业的就业比重由 2000 年的 61.7% 下降到 2019 年的 42.4%。

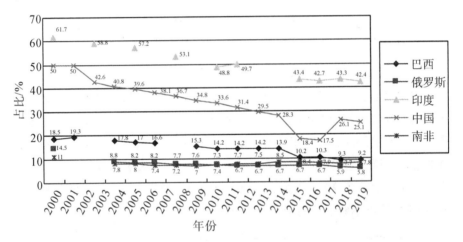

图 5-5　金砖国家农业就业占比

资料来源：《金砖国家统计手册 2020》。

三、我国农业劳动力就业占比相对下降和绝对减少

改革开放以来，我国农业就业比重的变动与产值比重的变动趋势基本是一致的。

从图 5-6 可以看出，改革开放以来我国第一产业在 GDP 中的比重呈持续下降趋势，从 1978 年的 28.1% 下降到 2020 年的 7.7%。与此同时，我国第一产业的劳动力占总劳动力的比重也在不断下降，从 1978 年的 70.5% 下降到 2020 年的 23.6%，下降幅度达 66.52%。但应注意的是，20 世纪 80

年代中期以前，我国第一产业在 GDP 中的比重呈上升趋势；20 世纪 80 年代以后开始出现下降趋势；20 世纪 90 年代以后，出现显著下降趋势。

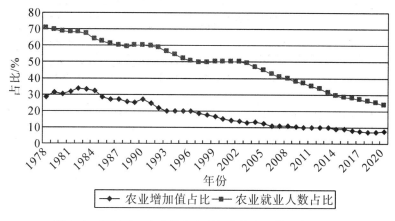

图 5-6　我国第一产业就业比重与产值比重协同变化趋势

资料来源：《中国统计年鉴》(2020) 和《中国劳动统计年鉴》(2020)。

由于数字技术在农业生产中的应用，农业劳动生产率大幅度提高，从而使农业资本有机构成显著提高，大幅度减少了对农业劳动力的绝对需求和相对需求，农业就业人员在总就业人员中的占比持续下降（见图 5-7）。

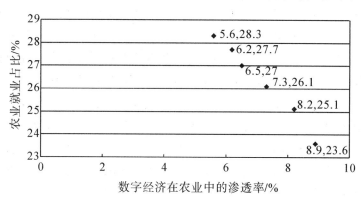

图 5-7　数字经济在农业中的渗透率与农业就业占比关系散点图

资料来源：根据中国信通院《中国数字经济发展白皮书（2020）》和《中国劳动统计年鉴（2020）》数据整理。

随着近年来智慧农业推进，按行业中类分的我国城镇单位就业人员人数发生了很大变化。从 2013 年到 2019 年农林牧渔业总计就业人数降幅为 -54.51%。其中，农业就业人数降幅最大，为 -64.41%，如图 5-8 所示。

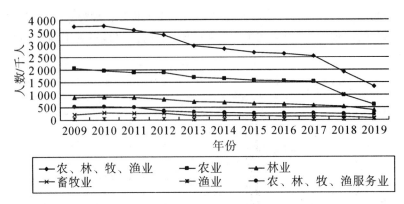

图 5-8　2009—2019 年我国农业就业人数变化

资料来源：根据《中国劳动统计年鉴（2020）》数据整理。

第四节　发展数字农业拓展就业新空间

推进农业供给侧结构性改革，既是推进供给侧结构性改革的重要内容、关键一环，也是农业自身发展问题倒逼下的客观要求。《中华人民共和国国民经济和社会发展第十四个五年规划和 2035 年远景目标纲要》指出，加强大中型、智能化、复合型农业机械研发应用，农作物耕种收综合机械化率提高到 75%。加强种质资源保护利用和种子库建设，确保种源安全。加强农业良种技术攻关，有序推进生物育种产业化应用，培育具有国际竞争力的种业龙头企业。完善农业科技创新体系，创新农技推广服务方式，建设智慧农业。通过发展数字种植、数字林业、数字渔业、数字牧业创造高质量新就业岗位。农业数字科技的创新与产前、产中、产后的技术服务可以形成许多知识和技术密集型的农业数字科技研发中心、农业生产数字技术服务中心，能够增加对中高级农业数字科技人才的需求，缓解知识型结构失业问题。

一、积极攻破数字技术在农业发展的技术难题

数字技术在农业发展中广泛应用，引领我国农业走集约、高效、安全、持续的现代农业发展道路，就需要解决智能农业技术发展中的重大科学问题，突破重大关键共性技术和产品，重点构建以农业物联网技术和智

能化精准作业技术为核心的大田精准生产技术系统，以显著提高农业资源（土、肥、水、药）利用效率和劳动生产率；构建以农业机器人技术为核心的果园及农业智能化生产技术系统，以显著提高土地产出率；构建以植物工厂、智能化动物养殖设施为核心的动植物周年连续生产高效农业智能系统，以显著提高非耕地资源利用效率；构建以农业大数据、农业云服务为核心的农产品全程质量安全控制技术体系，以显著提升农产品流通效率和质量安全水平。数字乡村建设稳步推进。

深入实施数字乡村战略，有利于支撑农村地区的疫情防控和复工复产，助力打赢脱贫攻坚战，加快农业农村现代化步伐，进一步优化提升"三农"信息化服务水平，缩小城乡"数字鸿沟"，为乡村振兴提供新动力。数字乡村政策体系逐步完善，浙江、河北、江苏、山东、广东等22个地区相继出台数字乡村政策文件，统筹协调、整体推进的工作格局初步形成。中央网信办等7个部门联合开展国家数字乡村试点工作，确定117个县（市、区）为首批国家数字乡村试点地区，为全面推进数字乡村建设探索有益经验。农村网络基础设施逐步完善，农村网民规模达3.09亿，农村地区互联网普及率达55.9%，农村电网、水利、公路、邮政快递等基础设施数字化升级改造不断加快，乡村智慧物流设施更加完善。数字经济拓展乡村发展新空间，电子商务进农村综合示范项目新增支持235个县，县长、乡镇长纷纷带货，让直播成为"新农活"。信息技术推动农业生产数字化转型，种植业、畜牧业、渔业、种业信息化建设持续推进，农田感知与智慧管理物联网加快融合应用。信息化助力乡村治理能力稳步提升，"互联网+政务服务"向乡村延伸，"一网通办"能力显著增强。乡村网络文化繁荣发展，全国已挂牌县级融媒体中心2400余个，不断发挥乡村基层主流舆论阵地、综合服务平台、社区信息枢纽的重要功能。

二、加快农村土地流转推进农业规模化经营

建立占据优势地位的农业规模化发展基地，是实现发展高产高效的智慧农业的必要条件，是将其作为主导产业所必须满足的条件。结合我国地域复杂、环境各异的特点，国家应该规划农业规模的结构，重视区域性分方向的发展，坚持因地制宜发展优质产业的原则，着重依据各地区的实际情况进行多模式、具体化的设计，建立具有地方特色的规模基地，实现规模化经营，发展优势产业区，加大调控力度，增大产业经济集中发展的边

际效用。

三、丰富数字乡村经济新业态

随着新技术在农业领域的渗透和大众旅游时代的到来，农村电子商务、休闲农业等业态呈现井喷式扩张，吸引了大量农村青年、大学生和外出打工的农民工返乡创新创业①，促进了新型农业经营主体、加工流通企业与电商企业全面对接融合，推动了线上线下互动发展。国家应加快建立健全适应农产品电商发展的标准体系；支持农产品电商平台和乡村电商服务站点建设；推动商贸、供销、邮政、电商互联互通，加强从村到乡镇的物流体系建设，实施快递下乡工程；深入实施电子商务进农村综合示范；鼓励地方规范发展电商产业园，聚集品牌推广、物流集散、人才培养、技术支持、质量安全等功能服务；全面实施信息进村入户工程，开展整省推进示范；完善全国农产品流通骨干网络，加快构建公益性农产品市场体系，加强农产品产地预冷等冷链物流基础设施网络建设，完善鲜活农产品直供直销体系；推进"互联网+"现代农业行动；发展县域经济，推进农村第一产业、第二产业、第三产业融合发展，延长农业产业链条，发展各具特色的现代乡村富民产业，丰富乡村经济业态；推动种养结合和产业链再造，提高农产品加工业和农业生产性服务业发展水平，壮大休闲农业、乡村旅游、民宿经济等特色产业；加强农产品仓储保鲜和冷链物流设施建设，健全农村产权交易、商贸流通、检验检测认证等平台和智能标准厂房等设施，引导农村第二产业、第三产业集聚发展；完善利益联结机制，通过"资源变资产、资金变股金、农民变股东"，让农民更多分享产业增值收益。

农村电商也在不断增强贫困地区的造血功能。电子商务进农村综合示范已累计支持 1 338 个县，实现对 832 个国家级贫困县全覆盖。2020 年，我国农村网络零售额增长到 1.79 万亿元（见图 5-9）。全国建设县级电商公共服务和物流配送中心 2 000 多个，村级电商服务站点超过 13 万个，示范地区快递乡镇覆盖率近 100%。"互联网+"农产品出村进城工程试点已在 110 个县开展。"村村直接通邮"任务提前一年多完成。快递网点已覆盖全国 3 万多个乡镇，覆盖率达 97.6%，全国 27 个省（区、市）实现快

---

① 中华人民共和国商务部. 中国电子商务发展报告 2016 [M]. 北京：中国商务出版社，2017.

递网点乡镇全覆盖。

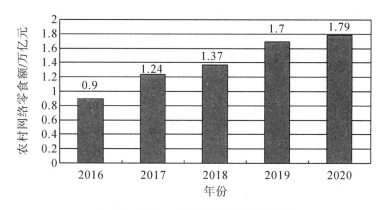

图 5-9　2016—2020 年农村网络零售额

资料来源：国家互联网信息办公室. 数字中国发展报告（2020 年）[EB/OL]. http://www.cbdio.com/BigData/2021-07/05/content_6165812.htm.

四、培养数字经济时代的新型职业农民

数字农业时代农业资本有机构成大幅度提高，可变资本占比相对、甚至是绝对减少了。但是，从资本的技术构成来看，生产资料和推动这些生产资料的劳动力技术含量显著提高，农业就业结构实现了优化，就业质量得到了提升。

随着现代农业的不断发展，各行各业也在不断助力"三农"发展，"互联网+"、人工智能、电子商务等新技术发挥了支持作用，农村涌现出了越来越多区别于传统农民的新行当，农村人的生活正逐渐发生变化。他们有的当上农业经理人，有的操控无人机做植保，有的探索用现代技术科学管理养殖场和渔场，有的当上直播销售员帮乡亲们带货。根据人社部发布的《农业经理人就业景气现状分析报告》，农业职业经理人是在农民专业合作社等农业经济合作组织中，从事农业生产组织、设备作业、技术支持、产品加工与销售等管理服务的人员。当前农业经理人从业人员预估超过 286 万人，遍布在全国各地的乡镇和村组。相比传统农耕模式，一名无人机植保员只需一架无人机空中作业，从播种到施肥，再到打药、植保都能完成，一系列农业操作有了更高的科技含量。直播销售员秉持生态农业理念，运用互联网思维和手段，发展农产品直供直销，为消费者提供安全优质农产品，是新型农业经营主体中的一种新类型。他们通过淘宝、京

东、微信、QQ 群等网络平台销售农产品，把生产过程展示给消费者，获得消费者信任，创新了农产品营销方式。新农民逐步从销售端向生产端拓展，带动形成以市场为导向、融合"互联网+"、绿色发展的生产组织方式，与农业供给侧结构性改革的内涵高度契合。另外，完善乡村水、电、路、气等老基建和推进 5G 通信、快速充电桩等新基建也会增加就业岗位。虽然职业各不相同，却都是为农业生产服务。他们在帮助提高农业生产水平的同时，也迎来了自己在这些新职业新工种领域内成长壮大的新机遇。到 2020 年，新型职业农民队伍不断壮大，总量超过 2 000 万人，务农农民职业化程度明显提高；新型职业农民队伍总体文化素质、技能水平和经营能力显著改善；农业职业培训普遍开展，线上线下培训融合发展，基本实现新型农业经营主体带头人轮训一遍。新型职业农民培育工作覆盖所有的农业县市区，培育制度健全完善，培育机制灵活有效，培育能力适应需要，以公益性教育培训机构为主体、多种资源和市场主体有序参与的"一主多元"新型职业农民教育培训体系全面建立。为此，要加快推进职业教育、技能培训体制改革，建立以市场需求为导向的创业培训体系，通过政府购买服务等形式，加大返乡创业的培训支持力度。

第六章　数字制造与工业就业占比持续下降

第一节　我国数字制造现状

一、数字制造上升为国家战略

21世纪以来，随着人工智能、大数据、云计算、物联网等新一代信息技术的快速发展及应用，"智能制造"概念进一步深化。2015年5月8日，国务院发布了"中国制造2025"，力图把我国建设成为制造业强国。"中国制造2025"是我国实施强国制造战略第一个十年行动纲领，被称为中国版的"工业4.0"。为了从"中国制造"到"中国智造"，需要推进制造过程智能化：在重点领域试点建设智能工厂/数字化车间，加快人机智能交互、工业机器人、智能物流管理、增材制造等技术和装备在生产过程中的应用，促进制造工艺的仿真优化、数字化控制、状态信息实时监测和自适应控制；加快产品全生命周期管理、客户关系管理、供应链管理系统的推广应用，促进集团管控、设计与制造、产供销一体、业务和财务衔接等关键环节集成，实现智能管控；加快民用爆炸物品、危险化学品、食品、印染、农药等重点行业智能检测监管体系建设，提高智能化水平。

根据我国工信部2016年出台的《智能制造发展规划（2016—2020年）》中的定义，智能制造是基于新一代信息技术与先进制造技术深度融合，贯穿于设计、生产、管理、服务等制造活动各个环节，具有自感知、自决策、自执行、自适应、自学习等特征，旨在提高制造业质量、效益和核心竞争力的先进生产方式。上海市人工智能技术协会和商汤智能产业研究院联合发布的《数字化转型白皮书：数智技术驱动智能制造》指出，如今各国对"智能制造"的理解都不再局限于生产过程或单体智能，而是扩展到产业价值链的各个环节、包含企业活动的方方面面，也不再单方面强调数智技术本身的应用价值，而是更加重视数智技术与先进制造等跨领域技术的深度融合和实践创新。

2019 年 10 月工信部印发《关于加快培育共享制造新模式新业态促进制造业高质量发展的指导意见》，我国共享制造发展迈上了新台阶。2020 年，在满足全社会抗疫应急之需、助力企业战"疫"和复工复产等方面，依托工业互联网发展起来的共享制造发挥了重要作用。突发疫情倒逼传统制造业企业积极探索和尝试共享制造新模式，大型互联网平台企业也在共享制造领域积极布局。

《中华人民共和国国民经济和社会发展第十四个五年规划和 2035 年远景目标纲要》指出，要深入实施智能制造和绿色制造工程，发展服务型制造新模式，推动制造业高端化智能化绿色化。培育先进制造业集群，推动集成电路、航空航天、船舶与海洋工程装备、机器人、先进轨道交通装备、先进电力装备、工程机械、高端数控机床、医药及医疗设备等产业创新发展。改造提升传统产业，推动石化、钢铁、有色、建材等原材料产业布局优化和结构调整，扩大轻工、纺织等优质产品供给，加快化工、造纸等重点行业企业改造升级，完善绿色制造体系。深入实施增强制造业核心竞争力和技术改造专项，鼓励企业应用先进适用技术、加强设备更新和新产品规模化应用。建设智能制造示范工厂，完善智能制造标准体系。深入实施质量提升行动，推动制造业产品"增品种、提品质、创品牌"。

经过几十年的快速发展，我国制造业规模跃居世界第一位，建成了门类齐全、独立完整的产业体系，已具备建设工业强国的基础和条件，有力推动了我国工业化和现代化进程，成为支撑我国经济社会发展的重要基石。但与世界先进国家相比，我国制造业大而不强，在自主创新能力、产品结构水平、资源能源利用效率、质量效益、国际化程度等方面还存在明显差距。随着我国经济发展进入新常态，经济增速换挡、结构调整阵痛、增长动能转换等相互交织，长期以来主要依靠资源要素投入、规模扩张的粗放型发展模式已难以为继。

从国际上看，全球产业竞争格局正在发生重大调整，发达国家为重塑制造业竞争优势而纷纷实施"再工业化"战略，一些发展中国家也在加快谋划和布局，积极参与全球产业再分工。我国制造业面临发达国家和其他发展中国家"双向挤压"的严峻挑战，制造业转型升级和跨越发展的任务紧迫而艰巨。

与此同时，全球新一轮科技革命和产业变革正加紧孕育兴起，与我国制造业转型升级形成历史性交汇。随着以人工智能为代表的新一轮信息技术和制造业的深度融合，我国智能制造发展取得明显成效。以工业机器人、智能仪器仪表为代表的关键技术装备取得积极进展；智能制造装备和先进工艺在重点行业不断普及，离散型行业制造装备的数字化、网络化、智能化步伐加快，流程型行业过程控制和制造执行系统全面普及，关键工艺流程数控化率大大提高；逐步形成了一批可复制推广的智能制造新模式。这都为推动我国制造业转型升级和创新发展提供了难得的战略性机遇，有助于加快实现中国制造向中国智造的转变，完成中国制造由大变强的战略任务。

二、工业数字化加快推进

1. 工业数字化整体发展水平不断提高

在人口红利弱化、劳动力成本攀升等叠加因素影响下，工业企业持续发力智能制造和工业互联网，智能制造进一步提速。2018 年，工业数字经济比重为 18.3%，介于服务业和农业之间，较 2017 年提升 1.09 个百分点。工业各细分行业数字经济发展水平差异较大，约 12% 的行业数字经济比重超过 20%，约 28% 的行业数字经济比重介于 10% 与 20% 之间，超过 60% 的行业数字经济比重不足 10%。工业数字经济比重提升，且呈现加速增长态势。从转型进程来看，2018 年，我国工业互联网步入快车道，我国工业领域数字化转型水平与发达国家的差距不断缩小。2018 年，我国工业数字化渗透率为 18.3%，5 年间与比例最高国家之间差距缩小 5 个百分点。2019 年工业数字经济增加值占行业增加值比重为 19.5%，比 2018 年提升 1.2 个百分点，增长幅度正快速逼近服务业。从转型水平来看，工业领域超过 50% 的企业跨过了单点应用的起步阶段，22.5% 的企业进入了综合集成的深化阶段，5% 的企业迈入了创新突破的高级阶段。伴随着语音识别、计算机视觉感知、文本分析和翻译、人机交互等人工智能技术的快速发展，数字技术加速向制造业的设计、生产、物流、销售、市场和服务等多个环节广泛渗透，使得高效生产和柔性生产成为可能：

（1）产品数字化：产品具有智能感知和通信能力，成为物联网连接的终端。

（2）管理数字化：资源管理、能源管理、供应链管理、订单管理、设备管理等。

（3）制造数字化：载体为智能生产线、智能车间、智能工厂；过程为网络化系统和柔性化生产。

（4）服务数字化：制造与服务边界被打破，企业从生产型制造转为服务型制造。

2. 工业"机器换人"发展势头迅猛

中国现阶段的国民经济和社会发展水平与日本 20 世纪 80 年代初期相似，工业机器人市场需求处于爆发期。

（1）中国工业机器人安装量

自 2013 年以来，中国成为全球最大的工业机器人市场。IFR 统计数据显示，2016 年中国工业机器人安装量达 87 000 台，占全球整体市场的30%，较 2015 年上升 3%，接近欧洲与美洲的安装总量 97 300 台。2019 年我国工业机器人安装量为 145 000 套。在全社会固定资产投资增速仅为个位数增长的背景下，受益于《中国制造 2025》《机器人产业发展规划（2016—2020 年）》等产业政策的支持，国产工业机器人仍呈现出良好的发展态势。2003—2019 年中国工业机器人安装量走势如图 6-1 所示。

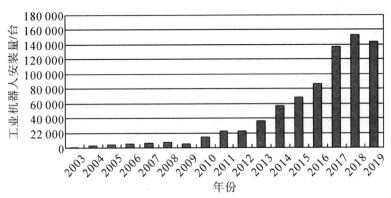

图 6-1　2003—2019 年中国工业机器人安装量走势
资料来源：根据国际机器人联盟（IFR）的公开数据整理。

（2）我国工业机器人安装密度

机器人密度是评价一个国家工业机器人普及率和自动化发展水平的主要指标。2019 年全球制造业每万名工人使用工业机器人数量由 8 年前的 50 台增加到 113 台，其中工业发达国家机器人密度普遍超过 200 台，我国制造业机器人密度由 8 年前的 11 台增加到 187 台，我国机器人密度较低但增速较快，未来工业机器人市场潜力巨大，需求将继续保持井喷态势（见图 6-2）。

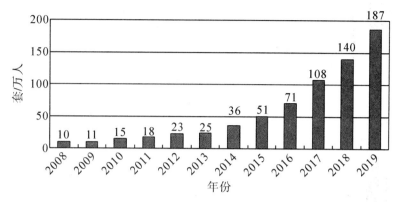

图 6-2　2008—2019 年我国工业机器人安装密度的变化

资料来源：根据国际机器人联盟（IFR）的公开数据整理。

3. 工业互联网平台与共享制造

共享制造的优势在抗疫的非常时期得到凸显。依托工业互联网平台，大量的制造商、供应商、开发者等主体得以聚合，工业设备、产品、系统、服务实现更全面的连接，消费与生产、供应与制造、产品与服务之间的数据流被打通，研发设计、生产制造、运维服务等海量制造资源在线汇聚和沉淀，形成基于平台的制造能力开放共享和业务协同，促进社会化制造资源的网络化动态配置，构建起柔性、灵活、稳定的产业链供应链。大型企业、中小微企业以及各类服务企业之间的资源共享加速推进。近年来，得益于产业配套政策的不断完善，作为共享制造重要基础的工业互联网平台快速发展。我国已建成 70 多个具有跨行业和区域影响力的工业互联网平台，连接工业设备达到 4 000 万台/套，平台服务工业企业共 40 万家，行业赋能效果凸显。利用海尔、用友、浪潮等工业互联网平台开展业务的中小企业已超过百万，显著降低了数字化改造的门槛，跨行业综合型平台引领作用不断增强。我国已打造形成融通型和专业资本集聚型特色载体的开发区 101 个，制造业重点行业骨干企业"双创"平台普及率超过80%，推动形成"龙头企业+孵化"共生共赢生态[1]。

生产质量管理、生产工艺设计、设备健康管理、能耗与排放管理是工业互联网应用的热门场景，降低了运维成本和能耗成本，显著提升了产品质量和服务价值（见表6-1）。

———————————

① 肖亚庆. 制造强国和网络强国建设扎实推进［N/OL］. 人民日报，2020-10-09. https://wap.peopleapp.com/article/5996942/5913241.

表 6-1 2019 年我国工业互联网平台应用分布

应用场景	占比/%
生产过程管理	32
设备健康管理	27
资源配置协同	21
企业运营管理	17
产品研发设计	2
制造与工艺管理	1

资料来源：艾瑞咨询.2021 年"新基建"背景下中国工业互联网与工业智能研究报告 ［EB/OL］.http://www.cbdio.com/BigData/2021-08/30/content_6166452.htm.

第二节 数字制造对我国工业资本有机构成的影响

一、按工业大类分资本有机构成变化

随着智能技术应用，工业企业的资本深化在不断加速，人均资本量上升，资本有机构成提高，造成企业生产中单位资本对劳动力吸纳能力的降低。图 6-3 显示了固定资产投资与职工人数比例、倍数，随着资本有机构成提高，工人人均拥有的固定资产在大幅增加。

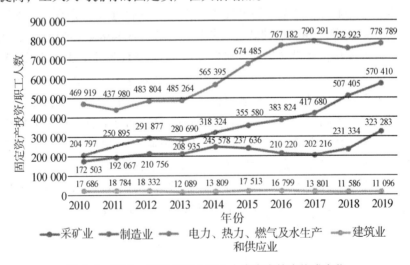

图 6-3 2010—2019 年工业行业大类资本技术构成变化

资料来源：根据国家统计局数据整理。

工业领域工作任务多为程序性和重复性工作，有助于数字技术使用和推广。从工业领域各行业看，资本技术构成呈普遍持续显著上升趋势。采矿业资本技术构成从2010年的172 503∶1，上升到2019年的323 283∶1。制造业资本技术构成从2010年的204 797∶1，上升到2019年的570 410∶1。电力、热力、燃气及水生产和供应业资本技术构成从2010年的469 919∶1，上升到2019年的778 789∶1。建筑业情况比较特殊，资本技术构成从2010年的17 686∶1，下降到2019年的11 096∶1，变化比较平稳。

资本技术构成上升必然引起资本价值构成变化，但资本价值构成变化与资本技术构成变化存在非协同性。从图6-4中可以看出，从2010—2019年我国制造业资本价值构成缓慢持续上升，从2010年的6.68∶1上升到2019年的7.23∶1。而采矿业，电力、热力、燃气及水生产和供应业及建筑业的资本价值构成则呈现波浪式上升趋势。

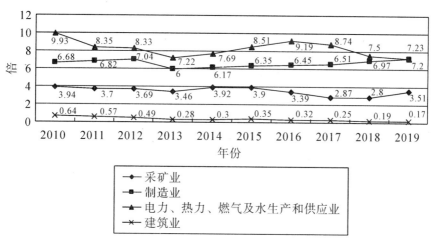

图6-4　2010—2019年工业行业大类资本价值构成变化

资料来源：根据国家统计局数据整理。

2010—2013年，第二产业可变资本投资额增长速度高于固定资本增长速度，采矿业，制造业，电力、热力、燃气及水生产和供应业及建筑业资本价值构成下降。2013—2019年制造业价值构成处于上升阶段。从2016年开始，电力、热力、燃气及水生产和供应业资本价值构成下降。随着智能化设备和原材料越来越便宜，工资水平提高，建筑业的资本价值构成呈现平稳甚至短暂下降趋势。

二、制造业中类各行业资本技术构成变化

1. 制造业所属细分行业

制造业按照要素组合的密集度细分为劳动密集型行业、资本密集型行业、技术密集型行业（见表 6-2）。

表 6-2　制造业所属细分行业

类型行业	所属细分行业
劳动密集型行业	农副食品加工业　食品制造业 纺织业 纺织服装、服饰业 皮革、毛皮、羽毛及其制品和制鞋业 木材加工和木、竹、藤、棕、草制品业　家具制造业 造纸和纸制品业　文教、工美、体育和娱乐用品制造业 橡胶和塑料制品业　非金属矿物制品业　金属制品业
资本密集型行业	酒、饮料和精制茶制造业　烟草制品业 石油加工、炼焦和核燃料加工业　化学原料和化学制品制造业 医药制造业　化学纤维制造业　黑色金属冶炼和压延加工业 有色金属冶炼和压延加工业
技术密集型行业	通用设备制造业　专用设备制造业　汽车制造业 铁路、船舶、航空航天和其他运输设备制造业 电气机械和器材制造业　计算机、通信和其他电子设备制造业 仪器仪表制造业

资料来源：中国社会科学院工业经济研究所. 2019 中国工业发展报告［M］. 北京：经济管理出版社，2019.

2. 按《中国工业统计年鉴》划分标准

在制造业细分资本技术构成中，构成较高的是纺织业、金属制品业；构成较低的是烟草制品业，纺织服装、服饰业，文教、工美、体育和娱乐用品制造业，铁路、船舶、航空航天和其他运输设备制造业，计算机、通信和其他电子设备制造业，皮革、毛皮、羽毛及其制品和制鞋业（见表 6-3、图 6-5）。

表6-3 制造业各细分行业技术构成变化

行业	2013 年	2014 年	2015 年	2016 年	2017 年	2018 年
合　计	280 690	318 318	355 581	383 824	651 016	903 598
农副食品加工业	453 974	527 388	579 181	656 623	713 027	846 468
食品制造业	296 297	361 259	407 773	470 503	509 400	764 273
酒、饮料和精制茶制造业	266 091	366 978	389 159	413 497	425 516	435 225
烟草制品业	130 060	120 834	116 230	99 148	94 994	120 994
纺织业	193 658	229 359	291 481	340 819	406 097	755 668
纺织服装、服饰业	118 238	141 458	219 938	200 794	239 845	243 960
皮革、毛皮、羽毛及其制品和制鞋业	109 190	111 081	128 111	150 416	177 118	220 350
文教、工美、体育和娱乐用品制造业	124 012	135 859	179 934	208 189	245 331	290 561
石油加工、炼焦和核燃料加工业	439 816	465 673	366 856	419 321	431 041	480 330
化学原料和化学制品制造业	458 217	507 388	543 541	564 603	568 869	673 760
医药制造业	290 343	330 485	366 448	388 117	385 961	427 003
橡胶和塑料制品业	293 553	311 734	353 014	388 428	218 632	473 680
黑色金属冶炼和压延加工业	189 753	190 565	186 882	208 699	218 632	300 636
有色金属冶炼和压延加工业	427 332	427 485	444 632	432 090	429 163	484 134
金属制品业	469 303	469 595	539 547	584 130	633 143	731 092
通用设备制造业	371 489	430 609	493 498	507 409	544 017	646 273
专用设备制造业	462 058	526 105	591 919	603 964	645 406	798 207
汽车制造业	269 765	302 289	344 253	352 885	383 487	407 895
铁路、船舶、航空航天和其他运输设备制造业	176 091	261 553	266 857	259 943	280 872	295 181
电气机械和器材制造业	230 784	259 051	292 667	336 090	364 664	455 329
计算机、通信和其他电子设备制造业	96 692	106 219	125 222	148 137	179 409	221 750
仪器仪表制造业	138 298	197 753	217 716	215 617	280 160	353 877

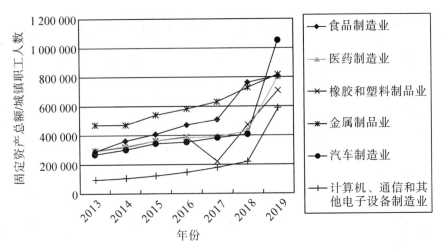

图 6-5　2013—2019 年制造业行业中类技术构成变化

注：表中数据为制造业各行业固定资产投资除以该行业职工工资总额比值。

资料来源：根据国家统计局数据整理。

3. 制造业各细分行业价值构成的变化

从制造业细分资本价值构成水平上看，构成较高的是农副食品加工业、食品制造业、纺织业、化学原料和化学制品制造业、金属制品业、专用设备制造业。构成较低的有计算机、通信和其他电子设备制造业，铁路、船舶、航空航天和其他运输设备制造业，烟草制品业。

从资本价值构成变动趋势来看，大多数制造业细分行业资本价值构成呈持续上升趋势，也有个别制造行业（如汽车制造业、医药制造业、纺织服装、服饰业等）资本价值构成在短期出现下降趋势（见表 6-4 和图 6-6）。

表 6-4　制造业行业中类价值构成变化

行业	2013 年	2014 年	2015 年	2016 年	2017 年	2018 年
合　计	6.007 6	6.178 8	6.359 3	6.457 3	6.510 2	12.425 5
农副食品加工业	13.798 5	13.286 3	13.419 6	14.375 3	14.830 4	15.917 6
食品制造业	6.862 1	7.964 0	8.401 8	9.053 2	9.411 9	12.452 5
酒、饮料和精制茶制造业	8.840 0	7.635 5	7.784 6	7.659 0	7.530 7	6.539 5
烟草制品业	1.124 3	0.983 9	0.887 9	0.712 0	0.620 9	0.665 7
纺织业	5.756 3	6.107 3	6.644 0	7.355 2	8.220 9	13.617 9

表6-4(续)

行业	2013 年	2014 年	2015 年	2016 年	2017 年	2018 年
纺织服装、服饰业	3.114 9	3.383 8	4.058 5	4.247 8	4.813 6	4.504 1
皮革、毛皮、羽毛及其制品和制鞋业	2.738 4	2.858 9	3.048 9	3.336 5	3.811 4	4.210 9
文教、工美、体育和娱乐用品制造业	3.051 6	3.265 4	4.013 0	4.361 0	4.838 2	5.480 4
石油加工、炼焦和核燃料加工业	7.223 6	7.034 6	5.337 7	5.790 9	5.270 8	5.049 7
化学原料和化学制品制造业	9.253 2	9.340 1	9.216 6	9.042 6	8.328 6	10.866 2
医药制造业	5.823 5	6.063 2	6.169 0	6.169 5	5.663 1	5.514 6
橡胶和塑料制品业	6.082 2	6.647 5	7.059 5	7.281 5	7.143 6	7.525 5
黑色金属冶炼和压延加工业	3.715 1	3.481 8	3.338 9	3.482 3	3.230 2	3.738 3
有色金属冶炼和压延加工业	9.354 4	8.520 8	8.358 5	7.707 0	7.020 6	7.135 4
金属制品业	8.757 9	9.576 3	10.345 1	10.638 9	10.791 3	11.174 2
通用设备制造业	9.998 9	7.763 6	8.290 7	8.002 3	7.849 9	8.330 0
专用设备制造业	8.613 0	9.101 3	9.603 0	9.402 4	9.338 8	10.005 6
汽车制造业	3.633 7	4.774 3	4.974 6	4.738 3	4.691 4	4.671 9
铁路、船舶、航空航天和其他运输设备制造业	3.081 0	4.216 0	3.888 5	3.597 6	3.567 9	3.331 3
电气机械和器材制造业	4.824 8	4.905 2	5.037 4	5.438 2	5.513 2	6.107 7
计算机、通信和其他电子设备制造业	1.901 6	1.877 5	1.958 6	2.204 0	2.555 5	2.789 0
仪器仪表制造业	3.342 9	3.455 9	3.492 3	3.617 1	3.788 8	4.192 8

资料来源：根据《中国劳动统计年鉴》和《中国固定资产统计年鉴》数据整理。

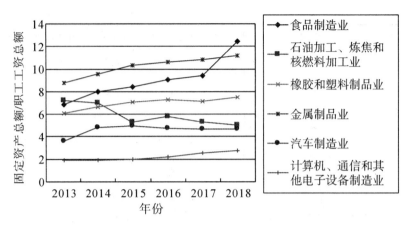

图 6-6　制造业行业中类价值构成变化

资料来源：根据《中国固定资产统计年鉴》和《中国劳动统计年鉴》数据计算。

4. 制造业各细分行业投资增速

根据马克思相对过剩人口理论，技术进步对劳动力排挤程度，既取决于资本有机构成，又取决于资本的增长速度。只要资本增长速度快于资本有机构成速度，就业绝对量就会增加。为了分析资本有机构成与就业之间关系，必须考察该行业投资增速。2018—2019 年投资增速为负的行业包括农副食品加工业，烟草制品业，纺织业，纺织服装、服饰业，皮革、毛皮、羽毛及其制品和制鞋业，木材加工和木、竹、藤、棕、草制品业，造纸和纸制品业，化学原料和化学制品制造业。2018—2019 年投资增速较高的行业有铁路、船舶、航空航天和其他运输设备制造业（44.76%），计算机、通信和其他电子设备制造业（11.16%），非金属矿物制品业（12.79%），石油加工、炼焦和核燃料加工业（11.34%），具体如表6-5、图6-7所示。

表 6-5　2013—2019 年制造业行业中类投资增速　　　　单位:%

行业	2013 年	2014 年	2015 年	2016 年	2017 年	2018 年	2019 年
农副食品加工业	26.5	18.7	7.7	9.5	3.6	0.0	−3.35
食品制造业	20.7	22.0	14.4	14.5	1.7	3.8	5.53
酒、饮料和精制茶制造业	14.34	11.51	9.46	7.45	1.47	3.27	1.37
烟草制品业	12.59	6.38	8.39	11.09	3.04	3.42	−4.62
纺织业	18.3	12.4	12.8	10.7	5.9	5.1	−8.67

表6-5（续）

行业	2013 年	2014 年	2015 年	2016 年	2017 年	2018 年	2019 年
纺织服装、服饰业	10.37	11.44	6.20	5.39	-6.72	-2.40	-7.09
皮革、毛皮、羽毛及其制品和制鞋业	8.85	15.07	4.41	0.98	-5.63	-6.70	-3.16
木材加工和木、竹、藤、棕、草制品业	15.28	17.39	6.93	1.27	-6.75	-10.81	-7.53
家具制造业	13.92	15.15	7.78	10.77	3.31	-1.96	5.47
造纸和纸制品业	9.07	3.66	4.55	0.66	3.68	0.53	-1.49
文教、工美、体育和娱乐用品制造业	16.29	29.85	8.83	6.82	-1.18	-1.55	-0.33
石油加工、炼焦和核燃料加工业	11.16	5.96	0.53	6.90	6.59	11.44	11.34
化学原料和化学制品制造业	17.1	10.5	3.3	-1.6	-4.0	-2.00	-2.35
医药制造业	26.5	15.1	11.9	8.4	-3.0	4.0	3.24
橡胶和塑料制品业	20.6	13.2	10.1	7.4	1.2	5.4	4.23
非金属矿物制品业	14.8	15.6	6.1	0.7	1.6	19.7	12.79
黑色金属冶炼和压延加工业	-2.1	-5.9	-11.0	-2.2	-7.1	13.8	7.57
有色金属冶炼和压延加工业	20.6	4.1	-4.1	-5.8	-3.0	3.2	4.85
金属制品业	20.9	21.4	10.0	6.5	4.7	15.4	8.32
通用设备制造业	23.5	16.4	10.1	-2.3	3.9	8.6	6.73
专用设备制造业	18.5	14.1	8.5	-2.6	4.7	15.4	4.01
汽车制造业	15	8.3	14.2	4.5	10.2	3.5	2.03
铁路、船舶、航空航天和其他运输设备制造业	16.4	16.1	2.2	-9.2	2.9	-4.1	44.76
电气机械和器材制造业	10.7	12.9	8.7	13.0	6.0	13.4	1.21
计算机、通信和其他电子设备制造业	20.2	10.7	13.3	15.8	25.3	16.6	11.16
仪器仪表制造业	11.36	12.30	9.76	10.82	11.46	-0.13	3.98

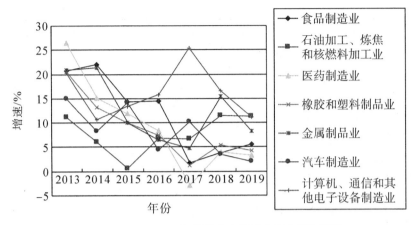

图 6-7　2013—2019 年制造业中类部分行业投资增速

资料来源：《中国工业统计年鉴》。

第三节　数字制造对传统就业岗位的毁灭效应

近年来，在劳动力成本高涨、产业提质增效、新生代就业要求提高等因素影响下，我国机器人特别是工业机器人的应用呈现大幅增长的趋势，"机器换人"现象明显。目前，智能制造对我国制造业的替代效应主要集中在焊接和搬运领域，未来装配和拆卸领域工业机器人的应用将逐步扩大，将减少对传统技工、物流人员、市场运营规划人员及质量管理人员的需求。

"工业 4.0"是西方发达国家"再工业化"运动的一个组成部分，对后经济危机时代的中国产生了重大影响。人工智能、机器人、数字制造三项技术，正在改造制造业的版图，而三者的相互融合将引发一场新的制造业革命。而这种变化将减少简单劳动的数量，增加对知识和技能及高端服务业的需求，从而对我国劳动密集型产业造成极大冲击。机器人可以完成越来越多的常规工作，且成本低、效率高、质量优、危险系数小。人工智能之父安德鲁·麦卡锡指出："它能全天工作，并不需要睡眠、午餐或者喝咖啡的时间。它也不需要让雇主给它提供健康体检，更不会给雇主带来额外的税收负担。""智能制造"催生了大批数字化车间、智能工厂和智能化装备产品，使重复性强、劳动强度大、危险系数高的许多岗位实现"机器换人"，例如，产品分拣、包裹分装、机械装配、高温、高压或高空作业等工作。随着人工成本以每年 14%~16% 的速度上升，而机器人的价格正以每年 5% 的速度下降，使用一台机器人的成本已低于使用一名工人。根据人工智能可替代的工作所涉及的报酬和劳动力数量，可推算出中国被人工智能替代的工资水平为 58 207 元人民币。这一工资水平高于 2015 年国家统计局公布的平均工资 52 029 元，也高于制造业平均工资 55 324 元，略低于采矿业平均工资 59 404 元。

世界银行发布的《2016 年世界发展报告：数字红利》指出："随着计算能力的提升，加上互联网的连接性和信息价值，数字技术正在取得越来越多的工作任务。数字技术最适合于那些程序性工作任务。这些任务有些是认知性的，如处理工资单、记账和算账；有些是手工或体力方面的，要用简单的动作和肌肉力量，如开火车或安装货物。这些任务可以很容易地实现自动化。"企业应用机器人替换的多是工作强度大、危险性高、简单机械重复、工作条件恶劣的岗位，这些岗位也是新生代务工人员不愿意从事的。工业机器人的应用领域将有望延伸到劳动强度大的纺织、物流行业，危险程度高的国防军工、民爆行业，对产品生产环境洁净度要求高的制药、半导体、食品等行业，以及危害人类健康的陶瓷、制砖等行业。

目前我国机器人使用密度低于全球平均水平，未来机器人应用市场潜力巨大，加之人口总量差异，未来几年我国市场增速将达 17%，高于全球平均增速约 4 个百分点，依然是世界第一大工业机器人市场。而且，先行企业和地区"机器换人"的示范效应将迅速扩散，《中国制造 2025》的实施不断深入，各行各业对"机器换人"的真正需求将彻底释放，机器人应用将会进入爆发阶段，大量工人将被替代，现有方式可能无法消纳，因而可能出现大量失业，对总体就业产生较大冲击。从工业机器人的应用领域来看，目前智能制造对我国制造业的就业替代效应主要集中在焊接和搬运领域，预计未来装配及拆卸领域的工业机器人应用比例将持续扩大，其他领域智能装备的应用也会取得较大进展，这将减少对组装、包装生产工人、传统技工、物流人员、生产运营规划人员及质量管理人员的需求。如人工智能的领军人物、斯坦福大学人工智能和伦理学教授杰瑞·卡普兰所说："各行各业的蓝领工作很有可能被自动化接管。在自然环境中可以感知和运行的机器人设备将会大批量取缔劳动力市场。"据预测，到 2025 年，我国将有 30%~45% 的工作岗位被工业机器人替代。根据这一比例，

我国制造业将有 6 700 万~10 000 万个工作岗位被替代，平均每年有 259 万~
388 万人成为"机器换人"的对象。在其他条件不变的情况下，未来十年
智能制造对我国劳动力的就业替代将呈逐年递增态势，平均替代规模由
2016 年的 231 万人上升到 2025 年的 436 万人。

1. 工业就业占比持续下降

随着数字技术在工业各领域和各环节渗透，工艺流程得到改造，工业
劳动生产率大幅提升，资本有机构成大幅高，对从事程序性工作的劳动力
需求明显减少，工业就业在总就业人数中的占比下降（见图 6-8）。

图 6-8　2016—2020 年工业就业占比与数字经济渗透率的关系

资料来源：根据中国信通院《中国数字经济发展白皮书（2020）》和《中国劳动统计年鉴
（2020）》数据整理。

2. 制造业就业人数大幅减少

就制造业就业变化态势来看，劳动密集型行业的就业替代效应最大，
资本密集型行业次之，高技术制造业就业替代效应最小。2013—2019 年属
于劳动密集型行业的纺织业，皮革、毛皮、羽毛及其制品和制鞋业，木材
加工和木、竹、藤、棕、草制品业就业人数下降分别为 -45.74%、-48.69%
和 -53.98%。2013—2019 年属于高技术制造业的专用设备制造业，汽车制
造业，电气机械和器材制造业，计算机、通信和其他电子设备制造业就业
人数分别下降 -15.40%、-9.14%、-14.78%、-13.03%（见图 6-9）。

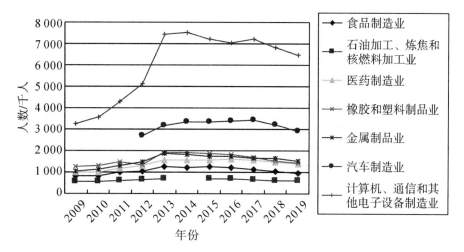

图 6-9　2009—2019 年制造业细分行业城镇单位就业人员变化

资料来源：国家统计局人口和就业统计司，人力资源和社会保障部规划财务司. 中国劳动统计年鉴（2020）［M］. 北京：中国统计出版社，2020.

　　3. 数字经济对制造业就业替代效应：普通最小二乘回归分析

　　资本技术构成和资产变化对计算机、通信和其他电子设备制造业（城镇单位）就业人数影响。

　　（1）变量定义及数据来源

　　被解释变量：计算机、通信和其他电子设备制造业城镇单位就业人数。数据来源于《中国劳动统计年鉴》。

　　解释变量：计算机、通信和其他电子设备制造业资本有机构成；计算机、通信和其他电子设备制造业投资增速。前者数据来源于《中国劳动统计年鉴》和《中国固定资产投资统计年鉴》计算所得，后者数据根据《中国固定资产投资统计年鉴》。

　　（2）模型构建

$$\text{lnemployment} = \beta_0 + \beta_1 \text{lnstructure} + \beta_2 \text{lncapital} + \mu \qquad (6\text{-}1)$$

　　公式（6-1）中 employment 表示计算机、通信和其他电子设备制造业城镇单位就业人数，structure 代表资本有机构成，capital 代表投资增速。

　　（3）回归结果

　　从表 6-6 的回归结果可以看出，投资增加拉动制造业就业人数上升且在 1%条件下显著，而资本有机构成上升则减少对劳动力需求且在 5%条件下显著。

表 6-6　回归结果

自变量	因变量：lnemployment					
	Coef.	Std. Err.	t	P>|t|	[95% Conf. Interval]	
lnstructure	−0.441 498	0.140 927 1	−3.13	0.017	−0.774 737 8	−0.108 258 3
lncapital	0.950 299 6	0.196 365 3	4.84	0.002	0.485 969 5	1.414 63
_cons	10.373 15	1.490 309	6.96	0.000	6.849 132	13.897 17
Number of obs = 10				R-squared = 0.767 1		

4. 数字经济对制造业就业的替代效应：行业面板数据分析

从中国工业机器人应用行业来看，汽车制造业是国产机器人的主要市场，随后是 3C、金属制造、塑料及化学产品、食品烟草饮料。2019 年，汽车及零部件在中国工业机器人行业应用占比为 35.8%，电子电器占28.7%，金属加工占 8.2%，食品医药占 3.1%，仓储物流占比 2.9%，塑料加工占 2.8%，其他领域占比 18.5%。

（1）变量定义

被解释变量：制造业细分行业就业人数。

解释变量：制造业细分行业工业机器人安装量；细分行业平均工资；细分行业固定资产投资；细分行业销售产值。

变量说明及数据来源如表 6-7 所示。

表 6-7　变量说明及数据来源

变量	名称	定义	符号	单位	来源
被解释变量	制造业细分行业就业人数	主要指汽车制造、电子产品制造、金属加工、塑胶制品、食品加工五个细分行业就业人数	employment	人	中国劳动统计年鉴
解释变量	制造业细分行业工业机器人安装量	制造业细分行业工业智能机器人累计安装量除以就业人数。	robot	台	国际机器人协会
	细分行业平均工资	五个制造业细分行业工资总额除以就业人数	wage	元	中国劳动统计年鉴
	细分行业固定资产投资	五个制造业细分行业当年新增固定资产投资	investment	亿元	中国固定资产投资统计年鉴
	细分行业销售产值	五个制造业细分行业销售产值	revenue	亿元	中国工业统计年鉴

（2）模型构建

为了研究制造业细分行业机器人的使用对就业的影响，我们借鉴杨昌浩[1]等人的研究，将模型设定如下：

$$\text{lnemployment}_{it} = \beta_0 + \beta_1 \text{lnrobot}_{it} + \beta_2 \text{lnwage}_{it} + \beta_3 \text{lnrevenue}_{it} +$$
$$\beta \text{lninvestment}_{it} + I_i + T_i + \varepsilon_{it} \qquad (6-2)$$

其中，i 表示行业，t 表示时间，被解释变量 lnemployment_{it} 为工业细分行业就业人数对数；解释变量中，ln_1robot 工业细分行业当年机器人的安装量的对数；lnwage_{it} 为工业细分行业就业人员年平均工资的对数；lninvestment_{it} 为工业细分行业固定资产投资的对数；lnrevenue_{it} 为工业细分行业销售产值的对数值；I_i 和 T_i 分别代表行业和时间对虚拟变量 ε_i 为残差值。

（3）回归结果及结论

模型1：进行普通最小二乘回归分析

以为工业细分行业就业人数为因变量，以工业细分行业当年机器人的安装量、细分行业平均工资、细分行业固定资产投资、细分行业销售产值等为自变量进行普通最小二乘回归分析。从表6-8中模型1回归结果可以看出最小二乘回归模型整体显著性、系数显著性及模型的整体解释能力不错，模型整体 P 值为 0.000 0，可决系数为 0.922 4，修正可决系数为 0.944 5，高技术制造业就业人数与细分行业平均工资、细分行业固定资产投资、细分行业销售产值之间系数均为正值，与工业细分行业当年机器人的安装量间系数为负值。

模型2：以行业变量 industry 为聚类变量进行固定效应分析

以工业细分行业就业人数为因变量，工业细分行业当年机器人的安装量、细分行业平均工资、细分行业固定资产投资、细分行业销售产值等为自变量，并以行业变量 industry 为聚类变量的聚类稳健标准差进行固定效应分析。从表6-8模型2可以看出，通过固定效应分析结果与以 industry 为聚类变量的聚类稳健标准差进行最小二乘回归分析结果相比在变量系数显著性上有所降低，但各影响因素与就业之间相关系数存在差异，就业与细分行业固定资产投资、细分行业销售产值系数为负值，就业与工业细分行业当年机器人的安装量、细分行业平均工资系数为正值。固定效应分析显著性优于最小二乘回归分析。

---

① 杨昌浩. 中国制造业就业的影响因素研究：基于省级面板数据的实证分析 [J]. 经济问题探索，2014（12）：55-61.

模型3：随机效应回归分析

以为工业细分行业就业人数为因变量，以工业细分行业当年机器人的安装量、细分行业平均工资、细分行业固定资产投资、细分行业销售产值等为自变量，并使用industry为聚类变量的聚类稳健标准差，进行随机效应聚类分析结果。从表6-8模型3可以看出，随机效应回归分析结果较固定效应回归分析结果变量的显著性得到进一步提升。

模型4：运用最大似然进行估计

从表6-8模型4可以看出，以为工业细分行业就业人数为因变量，以工业细分行业当年机器人的安装量、细分行业平均工资、细分行业固定资产投资、细分行业销售产值等为自变量，并使用以industry为聚类变量的聚类稳健标准差进行最大似然估计方法估计，机器人使用对行业就业影响系数为负且在10%条件下显著，估计结果与随机效应分析结果相比部分变量显著性下降。

表6-8　行业面板数据回归结果

变量	模型1（OLS）	模型2（FE）	模型3（RE）	模型4（MLS）
lnrobot	−0.409 132 2** （0.197 844 6）	0.005 719 4 （0.069 562 5）	−0.409 132 2** （0.197 844 6）	−0.409 132 2* （0.264 357 6）
lnwage	0.778 281 （1.905 91）	1.181 214 （3.399 528）	0.778 281 （1.905 91）	0.778 281 （1.044 467）
lnadvalue	0.621 397 8* （0.331 552 2）	−1.352 494 （2.290 884）	0.621 397 8* （0.331 552 2）	0.621 397 8** （0.320 795 8）
lninvestment	0.571 595 9 （0.616 298 8）	−0.479 406 3 （1.628 555）	0.571 595 9 （0.616 298 8）	0.571 595 9 （0.937 084 4）
con	−1.573 735 （15.122 74）	20.926 33 （30.764 29）	−1.573 735 （15.122 74）	−1.573 735 （9.721 314）
N	20	20	20	20
R^2	0.922 4	0.954 8	0.968 7	—

注：表中括号内为标准误。*、**、*** 分别表示在10%、5%、1%的水平上显著。

第四节 数字制造的就业创造效应

推动制造业高质量发展是建设现代产业体系的核心。实体经济是和虚拟经济相对应的，包括了物质产品和服务的生产与流通等经济活动，包括了从农业到工业建筑业和服务业的各个产业部门，这其中，制造业具有特殊重要的地位。制造业是立国之本、强国之基，从根本上决定着一个国家的综合实力和国际竞争力。制造业在一个国家国民经济中占有重要地位，无论是对经济增长贡献，还是对三次产业转型升级，抑或是对国家整体的就业拉动，都有着举足轻重的作用。美国制造业协会最新统计数据显示，制造业每投入1美元将为国民经济带来2.79倍的回报，制造业领域每增加一个就业岗位就会拉动就业市场10个岗位的增量①。

一、数字制造创造的新职业

数字经济显著影响着制造业的就业规模和结构。劳动和资源密集型部门、低技能密集型行业受到的负面影响最大，数字经济产生了明显的替代效应，而中等技术密集型和高技术密集型部门受到冲击较小。2015年后人社部发布的与数字制造相关的新职业包括智能制造工程技术人员、工业互联网工程技术人员、工业机器人系统操作员、工业机器人系统运维员、增材制造设备操作员、数字化管理师、工业视角系统运维员等。

二、高技术制造业成为新的就业增长点

赫伯特·A. 西蒙认为，在生产力水平提高的情况下，"将有更大比例的劳动力从事提供服务的工作，而只有一小部分人将从事物质生产"。美国哈佛大学维·布鲁克斯教授在其《技术、竞争和就业》一文中指出，只要能节约生产成本，技术进步就是有效的。技术进步减少的主要是非熟练工人和半熟练工人，但熟练工人的数量会增加。他认为，技术进步不仅可以

---

① 上海市人工智能技术协会和商汤智能产业研究院联合发布的《数字化转型白皮书：数智技术驱动智能制造》，http://www.cbdio.com/BigData/2021-07/07/content_6165852.htm。

节约劳动力，而且可以节约能源和原材料。与劳动力价格相比，能源和原材料的价格更高。如果把节约的物质资料用于技术进步方面，就会创造更多的产值和就业岗位。科技进步促使许多新的产业产生和发展，从而拓宽了就业领域。随着技术的不断进步，将会有越来越多的人在以信息产业为核心的高新技术产业中，或是在传统产业中与高新技术应用密切相关的新岗位上工作。

高技术产业（制造业）是指国民经济行业中 R&D 投入强度（即 R&D 经费支出占主营业务收入的比重）相对较高的制造业行业。R&D（即研究与试验发展）是指在科学技术领域，为增加知识总量，以及运用这些知识创造新的应用而进行的系统的创造性活动。高技术制造业行业包括六大类：医药制造，航空、航天器及设备制造，电子及通信设备制造，计算机及办公设备制造，医疗仪器设备及仪器仪表制造，信息化学品制造。因化学品制造统计数据不够全面，所以在这里进行面板数据分析的只包括前五大行业。作为高技术制造业是技术密集与资本密集统一企业，技术进步过程伴随资本深化，人均资本上升，必然对传统劳动力产生替代效应。另一方面，高技术制造业又是技术密集与知识密集统一，通过工艺创新和产品创新可以创造新的高技能就业岗位，对高技能劳动力需求存在增强效应。高技术对就业规模影响包括"替代效应"和"创造效应"，总效应取决于"替代效应"和"创造效应"的比较（Davis 等，1992；马弘 等，2013）。高技术制造业通过产业结构效应、行业结构效应和素质结构效应影响就业结构（Acemoglu，2002）。智能制造的发展使劳动力需求从劳动密集型向技术和资本密集型转变，优化了劳动力素质结构（蔡秀玲 等，2017；赖德胜 等，2018）。

我国高技术制造业从业人数由 2000 年的 392 万人增加到 2019 年的 1 288 万人，占制造业整体就业人数比重由 2000 年的 8.50% 上升到 2019 年的 19%。2000—2019 年高技术制造业从业人员规模及占比如图 6-10 所示。

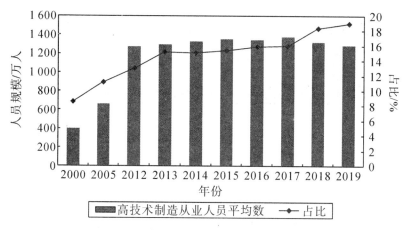

图 6-10 2000—2019 年高技术制造业从业人员规模及占比

资料来源：根据历年《中国高技术产业统计年鉴》数据整理。

计算机、通信和其他电子设备制造业全社会就业人数变化如表 6-9、图 6-11 所示。

表 6-9 计算机、通信和其他电子设备制造业全社会就业人数变化

行业	第三次经济普查 人数/万人	第四次经济普查 人数/万人	变动百分比 /%
计算机、通信和其他电子设备制造业	880.50	898.05	1.99
计算机制造	177.22	125.85	-28.98
通信设备制造	138.73	193.81	39.70
广播电视设备制造	21.89	18.60	-15.02
雷达及配套设备制造	5.06	5.16	1.97
非专业视听设备制造	71.08	56.38	-20.68
智能消费设备制造		30.90	
电子器件制造	162.46	191.12	17.64
电子元件及电子专用材料制造	260.42	236.75	-9.08
其他电子设备制造	43.65	39.48	-9.55

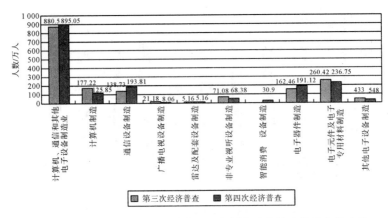

图 6-11　计算机、通信和其他电子设备制造业全社会就业人数变化

资料来源：根据全国经济普查数据整理。

三、实证分析

（一）变量定义

各地区高技术制造业的就业人数受机器人安装量、研发费用支出、新产品开发费用支出、新产品销售额、技术改造和新增固定资产的影响。变量定义及说明如表 6-10 所示。

表 6-10　变量定义及说明

变量	变量符号	变量名称	单位	数据来源
被解释变量	high	高技术制造业就业人数	万人	《中国高技术产业统计年鉴》
解释变量	robot	高技术制造业机器人安装量	台	国际机器人联盟（IFR）
	dev	高技术制造业新产品开发费用支出	万元	《中国高技术产业统计年鉴》
	exp	高技术制造业新产品出口额	万元	《中国高技术产业统计年鉴》
	fdi	高技术制造业引进外资	万元	《中国高技术产业统计年鉴》

（二）模型构建

本书构建了以下模型：

$$\ln high_{ij} = \beta_0 + \beta_1 robot_{ij} + \beta_2 dev_{ij} + \beta_3 exp_{ij} + \beta_4 fdi + \mu \qquad (6-3)$$

其中，i 为地区，j 为行业，high 为被解释变量，指高技术制造业的就业人数。robot、dev、export 和 fdi 为解释变量，分别指高技术制造业机器人安装量、开发新产品费用、新产品出口交易额、引进外资金额，μ 为随机干扰项。

（三）回归结果

机器人使用对我国高技术制造业的就业影响如表 6-11 所示。

表 6-11　机器人使用对我国高技术制造业的就业影响

自变量	因变量：lnhigh					
	Coef.	Std. Err.	t	P>|t|	[95% Conf. Interval]	
lnrobot	0.763 228	0.000 024	3.1e+04	0.000	0.762 920	0.763 53
lndev	0.063 175	9.50e-06	6 652.45	0.000	1.473 54	0.063 295
lnexp	1.474 27	0.000 057 6	2.6e+04	0.000	1.473 54	1.475 00
lnfdi	2.803 37	0.000 082	3.4e+04	0.000	2.802 31	2.804 42
cons	−40.040	0.001 616 5	−2.5e+0	0.000	−40.061	−40.020
N = 16			R-squared = 0.998 6			

从回归分析结果可以看出，我国工业机器人安装量、新产品开发费用支出、新产品出口交易额、引进外资对高技术制造业就业人数影响的回归系数为正值，且在 1% 条件下显著。说明发展高技术制造业有助于数字制造高端就业岗位增加。

第五节　数字制造与“民工荒”的化解

从“民工潮”到“民工荒”是中国改革开放四十多年来经济社会在悄然中发生的重大变化，持续的“民工荒”已开始影响到中国经济的发展。2004年以来，我国一些学者从不同角度开展了对“民工荒”现象的研究。有的学者运用第三次全国工业普查资料分析了出现“民工荒”的劳动密集型制造业的职工，发现劳动密集型制造业用工的年轻化大大限制了其对乡村剩余劳动力的吸收，导致了许多民工出现前半辈子就业而后半辈子失业的情况[①]。

---

① 章铮. 进城定居还是回乡发展 民工迁移决策的生命周期分析 [J]. 中国农村经济，2007（7）：12-18.

有的学者从刘易斯模型出发，认为"民工荒"是中国到了刘易斯拐点之后必然会出现的现象①。有的学者从工资收入的角度来看待"民工荒"现象，其认为，"民工荒"现象的出现是农民工工资上涨的结果。随着工资上涨，低收入者的劳动供给时间将减少，从而导致了"民工荒"现象的出现②。而有的学者则认为农民工工资较低，农民工社会劳动产品分配主体地位模糊和缺位是造成"民工荒"的深层次原因③。

一、"民工荒"

1. "民工荒"的成因

（1）劳动密集型产业结构延缓了资本有机构成的提高

企业对劳动力的需求不是由总资本决定的，而是由总资本中的可变部分决定的，资本积累的规模和资本有机构成是影响企业所能吸纳的劳动力的主要因素。马克思将由资本技术构成决定并且反映技术构成变化的资本价值构成叫作资本有机构成。在残酷的资本主义竞争中，资产阶级会不断提高劳动生产率降低必要劳动时间所占的比例，以提高相对剩余价值，劳动生产率的增长表现为劳动的量比它所推动的生产资料的量相对减少造成资本技术构成和价值构成不断提高。

20世纪80—90年代，伴随着改革开放的逐步深入，我国沿海地区承接了两次产业转移。第一次是20世纪80年代我国香港地区大部分轻纺、玩具、钟表、消费电子、小家电等轻工和传统加工业的转移。第二次是20世纪90年代初，主要是我国台湾地区以及日本、韩国的电子、通信、计算机产业的低端加工和装配的大规模转移。劳动密集型行业是我国的主要出口行业，主要集中在沿海地区，既涉及传统的纺织、服装、家具、鞋类、箱包、塑料制品，也涉及一些高科技行业的劳动加工部分。劳动密集型企业是吸纳我国农村剩余劳动力的主要行业。马克思指出，对资本来说，只有在机器的价值和它所代替的劳动力的价值存在差额的情况下，机器才会被使用。在劳动力价格远比机器便宜的情况下，大部分企业长期依赖于廉价劳动力优势，而没有动力进行技术更新或产业升级。劳动密集型企业是

---

① 蔡昉. 工资增长、工资趋同与刘易斯拐点 [J]. 经济学动态, 2010 (3): 22-23.
② 吴红宇, 朱轶. 低工资率下向左上方倾斜的劳动力供给曲线分析："民工荒"现象的又一种解释 [J]. 广州商学院学报, 2010 (2): 78-79.
③ 郭军. 农民工"薪酬低"与"民工荒"关系探析 [J]. 学习论坛, 2011 (5): 32-33.

资本有机构成低的企业。资本有机构成越低，单位不变资本所吸纳的劳动力数量就越多。劳动密集型的产业结构延缓了资本有机构成的提高速度，扩大了资本的可变部分，使企业所吸纳的劳动力迅速增长。

（2）资本积累的迅速增长扩大了对劳动力的需求

资本有机构成的提高和资本积累量的扩大作用相互抵消，所以可能会出现两种情况：一种情况是资本积累量的增长速度小于资本有机构成的提高速度，这种情况下虽然资本的总量增长了，但总资本中可变部分的绝对数量减少了，因而会造成失业人口增多、产业后备军扩大；另一种情况是资本积累量的增长快于资本有机构成的增长，资本有机构成对就业的排斥作用被抵消掉了，企业所需求的劳动力数量不断增长，失业人口减少，甚至在一定情况下还会出现用工短缺现象。

如果资本技术构成不变，那么就业人口将会按同样的比例增长，这将会超过我国的人口总量。但事实上，资本积累的加快也推动了资本有机构成的提升，这一时期我国企业的资本技术构成提高了276%。资本技术构成的提高降低了单位资本中可变资本的比例，但由于资本积累的速度大大快于资本技术构成提高的速度，所以企业需求的劳动力也在迅速增长。

$$\beta = \frac{c}{v} = \frac{\Delta c}{\Delta v}$$

$$1 + \beta = \frac{c + v}{v} = \frac{c}{v} = \frac{\Delta c + \Delta v}{\Delta v} = \frac{\Delta c}{\Delta v} \qquad (6-4)$$

公式（6-4）中 c 为总资本，Δc 为总资本的增量，由于资本有机构成不变，所以 $1 + \beta$ 为常数，在 c 增加 Δc 的情况下，要使 $\frac{\Delta c}{v}$ 保持不变，v 也必须与总资本按照相同的比例增加。由公式可得

$$1 + \beta = \frac{\Delta c}{c} = \frac{\Delta v}{v} \qquad (6-5)$$

总资本 c 增长越快，可变资本 v 也增长得越快[①]。

企业所需求的劳动力数量是迅速增多的，而农村的剩余劳动力并没有充分转移出来，农民工数量的增长不能满足资本增值的需要，因而在2004年之后出现了严重的"民工荒"现象。劳动力数量与企业需求之间仍有较

---

① 吴易风，白暴力. 马克思经济学升学模型研究［M］. 北京：中国人民大学出版社，2012：130–132.

大差额这一点在金融危机之后更加明显，2010年开始的新一轮"民工荒"比第一轮更为严重。

2. "民工荒"的表现

（1）农民工增量正在减少且总量增速明显回落

国家统计局发布的《农民工监测调查报告》向我们全景展示了农民工劳动力供给的真实状况与趋势。数据显示，2010年农民工总量同比增速为5.4%，2019年农民工同比增速下降到0.8%。2020年全国农民工总量为28 560万人，比2019年下降1.8%。其中，外出农民工为16 959万人，下降2.7%；本地农民工为11 601万人，下降0.4%。这表明，我国的农民工数量已经告别了无限增长的时代，开始出现明显而急剧的下降回落。长此发展下去，农民工增量必将逐渐迎来负增长时代，从而造成劳动力数量的大量减少。农民工增量减少受多重因素影响，包括人口增长动力减弱和城镇化快速推进等。我国农民工总量及增速如图6-12所示。

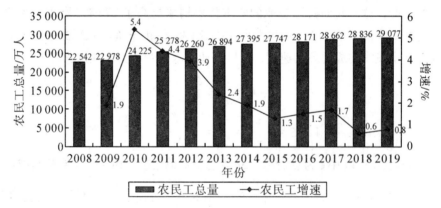

图6-12　2008—2019年我国农民工总量及增速

资料来源：根据全国农民工监测报告数据整理。

（2）对部分低端劳动力求人倍率持续大于1

2021年第二季度，人力资源社会保障部信息中心和中国就业培训技术指导中心对全国83个城市的公共就业服务机构市场供求信息进行了统计分析。随着我国经济稳定复苏，二季度全国人力资源市场供需人数保持较快增长，市场用工需求大于劳动力供给，供求总体保持平衡。全国十大城市岗位需求和求职排行榜显示，其他生产制造及有关人员、营销员、保安员、家政服务员、房地产经纪人、物业管理员、装配钳工、快件处理员、客户服务管理、餐厅服务员等职业的用人需求较大，行政办事员、会计专业人员、中小学教育教师、秘书等职业的用人需求相对较小（见表6-12）。

表6-12 全国十大城市岗位需求和求职排行榜

城市	岗位空缺大于求职人数缺口最大的前三个职业	求人倍率	岗位空缺小于求职人数缺口最大的前三个职业	求人倍率
上海	其他机械制造基础加工人员	5：1	其他房地产服务人员	1：2
	营销员	5：1	物业经营管理专业人员	1：3
	客户服务管理员	4：1	会计专业人员	1：2
天津	房地产经纪人	8：1	中学教育教师	1：5
	营销员	7：1	小学教育教师	1：4
	物业管理员	8：1	行政办事员	1：2
重庆	家政服务员	7：1	秘书	1：2
	保安员	7：1	汽车饰件制造工	1：5
	营销员	6：1	公路养护工	1：2
西安	快件处理员	7：1	秘书	1：4
	保安员	5：1	计算机程序设计员	1：5
	保洁员	4：1	后勤管理员	1：2
郑州	营销员	3：1	医药代表	1：2
	机械设备安装工	2：1	机械制造工程技术人员	1：3
	客户服务管理员	2：1	土木建筑工程技术人员	1：2
南京	中学教育教师	27：1	会计专业人员	1：6
	商品营业员	4：1	工业工程技术人员	1：3
	装配钳工	8：1	人力资源管理专业人员	1：2
福州	营销员	2：1	行政办事员	1：2
	快递员	2：1	商品营业员	1：2
	餐厅服务员	2：1	物业管理员	1：2
武汉	营销员	4：1	采购员	1：2
	餐厅服务员	3：1	行政办事员	1：2
	其他生产制造及有关人员	17：1	企业经理	1：2

表6-12(续)

城市	岗位空缺大于求职人数缺口最大的前三个职业	求人倍率	岗位空缺小于求职人数缺口最大的前三个职业	求人倍率
长沙	其他专业技术人员	2:1	小学教育教师	1:12
	焊工	2:1	中学教育教师	1:46
	机械制造工程技术人员	3:1	行政办事员	1:31
兰州	家政服务员	5:1	仓储管理员	1:5
	其他生产制造及有关人员	15:1	其他租赁和商务服务人员	1:3
	养老护理员	5:1	会计专业人员	1:4

资料来源：中国人力资源市场信息监测中心 http://www.mohrss.gov.cn/xxgk2020/fdzdgknr/jy_4208/jyscgqfx/202108/t20210806_420213.html。

（3）农民工工资水平持续提高

企业所有者或者资本所有者与企业职工之间的矛盾在于，资本所有者总是希望以最少的投入获得最大的收益，其中也包括对劳动者工资的支付。在资本主义国家这表现为资本家不断地压低职工的工资水平，获得最大剩余价值的需求。社会主义国家同样也存在类似的问题，不过不再表现为资产阶级与无产阶级之间的矛盾，而是表现为资本所有者追求高额利润与企业职工要求提高工资水平的矛盾。随着企业由劳动密集型向资金密集型、技术密集型的转变，企业需要优秀的管理人员、技术人才以增强企业自身的市场竞争力，企业劳动者技术水平的提高必然会导致企业劳动生产率的提高，这样单位劳动者所掌握和操作的生产资料的数量就会成倍增加。为了减少支付职工工资所占企业资本的份额，企业会选择裁员，因此部分劳动素质较低的工人就会被迫失业。失业引起劳动力的相对过剩问题随之而来。然而，随着生活成本的增加和社会经济发展水平的提高，劳动者对工资水平的要求不仅是为了满足自身及其家庭生活的需要，而且还有子女和自身接受教育、培训以适应未来社会发展的需求。所以，任何时期劳动者都有提高自身工资水平的愿望，这就与资本所有者为追求利润最大化而相对压低工人工资水平的诉求产生了矛盾。在这种矛盾不可调和时，企业从业人员会选择自愿失业。在劳动者找到适合自身并能完全实现自身价值的工作之前，这部分自愿失业者也会被纳入失业者行列。资本所有者为了适应市场化的发展必须引进新技术。

在资本积累的过程中，如果资本有机构成不变或变化很慢，则可变资本将会与总资本按同一比例增加。马克思在《资本论》第一卷第七篇第二十三章指出："假定资本的构成不变，也就是说，为了推动一定量的生产资料或不变资本始终需要同量劳动力，同时其他情况也不变，那么对劳动的需求和工人的生存基金，显然按照总部增长的比例而增长，而且资本增长得越快，它们也增长得越快。……只要上述假定一直不变，这种情况最终会发生。因为雇佣的工人一年比一年多，所以迟早必然会出现这样的时候：积累的需要开始超过通常的劳动供给，每年就业的雇佣工人数，于是工资提高。"

"积累由于劳动力价格的提高而削弱，因为利润的刺激变得迟钝了。积累减少了。但随着积累的减少，是积累减少的原因，即资本和可供剥削的劳动力之间的不平衡也就消失了。所以，资本主义生产过程的机制会自行排除它暂时造成的障碍。劳动价格重新降到适合资本增殖需要的水平，而不管这个水平是低于、高于还是等于工资提高前的正常水平。"

目前中国已经越过"刘易斯第一拐点"，进入二元经济向一元经济继续迈进的第二发展阶段，农村劳动力从无限供给转向有限供给。劳动力成本的上升导致企业用工需求下降。在过去20年里，工资快速增长，增长的速度超过了劳动生产率，大幅提升了中国企业的劳动力成本。劳动力成本的快速上升使企业经营面临着较大的困难。为了缩减劳动力成本，不少企业减少招聘新员工，甚至裁员或提高自动化程度、引进机器来代替人工。2009—2020年农民工月平均工资及增长率如表6-13所示。

表6-13 2009—2020年农民工月平均工资及增长率

年份	农民工平均月收入/元	农民工月收入增长率/%	GDP增长率/%
2009	1 417	5.7	9.2
2010	1 690	19.3	10.6
2011	2 049	21.2	9.5
2012	2 290	11.8	7.7
2013	2 609	13.9	7.7
2014	2 864	9.8	7.3
2015	3 072	7.2	6.9
2016	3 275	6.7	6.6
2017	3 485	6.9	6.4
2018	3 721	6.8	6.6

表6-13(续)

年份	农民工平均月收入/元	农民工月收入增长率/%	GDP 增长率/%
2019	3 962	6.5	6.1
2020	4 071	2.8	2.3

资料来源：根据历年《中国农民工监测报告》和《中国统计年鉴》数据整理。

中国制造业就业人员的工资高于周边发展中国家，劳动密集型产业利润率整体下滑，从 2006 年开始，陆续有大量外资企业把劳动密集型生产线从中国内地转移到劳动力相对便宜的越南、柬埔寨、印度等国。要素禀赋结构的变化带来制造业结构的显著变化，向"去劳动密集型"发展。具体表现为，以食品饮料、纺织服装为代表的劳动密集型产业在制造业中的比重持续下降，以石油、钢铁、有色、建材等为代表的资本密集型产业比重在高位保持相对稳定，而以装备制造业、电子信息为代表的技术密集型产业比重持续增长。

二、工业机器人对劳动力的替代成为必然

工业机器人作为机电一体化技术智能化程度最高的生产设备，其应用情况是一个国家工业自动化水平的重要标志。国际机器人联合会（IFR）最新统计显示（截至 2013 年）：目前世界各地至少有 1 153 000 个运行的工业机器人，韩国以每万名工人拥有 396 台机器人而位列世界首位。压缩机产业是劳动密集型产业，很多工作靠手工完成。随着人我国人口红利的逐步消失，劳动力成本不断上升。同时，"80 后""90 后"与父辈相比，价值观发生变化，已不愿意从事一线工作，"招工难"和"用工荒"的问题日益显现。随着人工成本以每年 14%~16% 的速度上升，而机器人的价格正以每年 5% 的速度下降，使用一台机器人的成本已低于使用一名工人。海立是世界上最大的空调压缩机制造商之一，直接和间接出口比例达到50%。随着全球化客户需求的多样化和对产品质量安全的关注，以及对产品订单响应、生产线速度、物料准确配送、产品质量和产品可追溯的要求，导入智能制造成为必然。机器人投资回收期（以 3C 行业为例）如表6-14 所示。

表 6-14　机器人投资回收期（以 3C 行业为例）

指标	2014年	2015年	2016年	2017年	2018年	2019年	2020年
机器人均价/万元·台$^{-1}$	28.87	27.39	26.55	24.88	24.51	23.04	21.66
制造业生产者个人年薪/元	41 245	43 866	46 713	49 354	53 927	57 163	58 877
1 台机器人替换人工	4	4	4	4	4	4	4
机器人使用年限	4	4	4	4	4	4	4
人工总费用/万元	16.50	17.55	18.69	19.74	21.57	22.87	23.55
年折旧费/万元	7.22	6.85	6.64	6.22	6.13	5.76	5.42
机器人总费用/万元	7.79	7.40	7.17	6.72	6.62	6.22	5.85
投资回收期/年	3.3	2.7	2.3	1.9	1.6	1.4	1.2

资料来源：IFR，CRIA，国家统计局。

从表 6-14 可以看出，3C 行业 2014 年人工总费用为 16.50 万元，同期机器人总费用为 7.79 万元，到 2020 年人工总费用将达到 23.55 万元，同期机器人总费用仅为 5.85 万元。由于机器人进口均价下降，加之工业企业资本循环和周转的加快，折旧加速，机器人投资回收期缩短，由原来的 4.7 年缩短为不到 1 年。

为了摆脱"民工荒"的困境，沿海用工大省开始开展"机器换人"行动。广东全省则是从 2015 年开始大规模推动"机器换人"，珠三角迅速成为全国最大工业机器人应用市场，这与其农民工数量的减少几乎同步。仅 2016 年，广东全省新增应用机器人达 2.2 万台，总量超 6 万台，约占全国的五分之一，数以万计的企业参与其中。所以，人工智能对农民工在制造业中就业的影响不全是"挤出式替代"，还有部分属于"补位式替代"。虽然我国是制造业大国且农民工在制造业中占比较大，但不能过分夸大人工智能对农民工就业的脉冲效应。

人工智能对农民工冲击较大的主要原因是农民工多从事的是程序性的低技能的工作。农民工数量在制造业领域减少，既有机器人挤出效应的影响，又有进入刘易斯拐点后农民工供给量边际递减的原因，同时还受到新时代农民工就业意愿的影响。

农民工在制造业领域内从事的多为程序性和操作性的工作，因此容易被数字技术替代。从表 6-15 和图 6-13 可以看出，随着智能机器人、工业互联网等数字技术在制造业中的广泛应用，农民工在制造业就业的占比持续下降。

表 6-15　2010—2020 年农民工就业的行业分布

行业	2010年	2011年	2012年	2013年	2014年	2015年	2016年	2017年	2018年	2019年	2020年
制造业	36.7	36.0	35.7	31.4	31.3	31.1	30.5	29.1	27.9	27.4	27.3
建筑业	16.1	17.7	18.4	22.2	22.3	21.7	19.7	18.9	18.6	18.7	18.3
批发零售业	10.0	10.1	9.8	11.3	11.4	11.9	12.3	12.3	12.1	12.0	12.2
交通运输业	6.9	6.6	6.6	6.3	6.5	6.4	6.4	6.6	6.6	6.9	6.9
住宿餐饮业	6.0	5.3	5.2	5.9	6.0	5.8	5.9	6.2	6.7	6.9	6.5
居民服务、修理和其他服务业	12.7	12.2	12.2	10.6	10.2	10.6	11.1	11.3	12.2	12.3	12.4

资料来源：根据：国家统计局历年《中国农民工监测调查报告》数据整理。

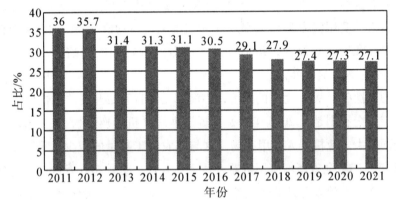

图 6-13　2011—2021 年农民工在制造业就业的占比变动趋势

资料来源：根据国家统计局历年《农民工监测调查报告》数据制图。

第七章　服务业数字化与就业新空间拓展

第一节　我国服务业数字化发展现状

一、服务业数字化总体情况

三次产业数字经济仍然呈现不均衡发展特征。各行业数字经济发展依然延续第三产业优于第二产业、第二产业优于第一产业的特征。服务业一直是产业数字化发展最快领域，2019 年服务业数字经济增加值占行业增加值比重为 37.8%，同比提升 19 个百分点，显著高于全行业平均水平。2018年服务业典型行业数字经济比重如表 7-1 所示。

表 7-1　2018 年服务业典型行业数字经济比重

排序	行业	比重/%
1	保险	56.4
2	广播、电视、电影和影视录音制作	55.5
3	资本市场服务	48.7
4	货币金融和其他金融服务	48.6
5	公共管理和社会组织	46.0
6	专业技术服务	44.6
7	邮政	42.7
8	教育	40.0
9	社会保障	39.1
10	租赁	35.5

资料来源：《中国数字经济发展白皮书（2020）》。

二、服务业分行业数字化情况

1. 数字交通

交通运输是国民经济中具有基础性、先导性、战略性的产业，是兴国之器、强国之基。从世界大国崛起的历史进程来看，国家要强盛，交通须先行。交通影响着人民生产生活的诸多方面。随着城市化的不断发展，我国机动车数量猛增，随之而来的是交通拥堵、交通事故频发、管理困难等问题，这些已经成为城市发展的阻碍。而数字技术的发展成熟，成为解决这些交通难题的重要突破口。数字技术可以应用于交通状况实时分析，实现公共交通资源自动调配、交通流量的自动管理，为交通精细化管理、智能出行提供新的解决方案，使得人、车、路密切配合，充分发挥协同效应，从而提高交通运输效率、保障交通安全、改善交通运输环境。全国已实现303个地级以上城市交通一卡通互联互通，手机移动支付应用扩展到了80个地级以上城市。城市轨道交通大力推动智慧地铁服务，服务人口规模超过3.9亿，全国日均客运量超过4 500万人次。截至2020年年底，全国网约车监管信息交互平台接入超过200家网约车平台，日均订单量达到2 100万单。全面推行交通事故、占道施工、交通管制、事故多发点段等交通安全信息导航提示服务，可以保障群众出行安全顺畅。全国汽车维修电子健康档案系统为1.12亿辆汽车建立了健康档案，占全国汽车保有量的43%，累计采集了4.9亿辆次汽车维修记录。

2. 数字物流

在数字经济时代，依托大数据、云计算、物联网和人工智能等技术优势，可以构建起"物流+互联网+大数据"相融合的、覆盖线上线下的物流产业生态系统，从而为物流行业提供全方位、多层次的智能化数据决策支持和服务。伴随着智能感知技术、视觉识别技术、机器人、自动化分拣带、无人机等智能技术及硬件设备在物流领域内的深度应用，物流行业的市场环境、生产要素、业务流程等将面临深刻变革，推动涌现一批物流新业态、新模式，进一步完善物流基础设施，提升物流行业整体管理及服务水平，促进物流行业向数字化、智能化、标准化、一体化发展。行业内电商平台与领先物流企业纷纷布局智慧物流、供应链金融等综合性服务。数字技术广泛应用于仓储、运输、配送、末端等各物流环节，特别是在无人仓储、无人驾驶、无人配送、物流机器人等前沿领域，一批领先企业已开始商业探索和应用，有力推动了物流业实现资源智能配置，同时优化了物流环节、减少了资源浪费、提升了运作效率。高效的智慧物流信息技术不仅加快了企业物流信息化的建设，也提高了企业物流服务的效率，有效优化了物流业务流程，智慧物流技术的应用正进入企业高效运作期。我国作为全球第二大经济体，已连续多年成为全球最大物流市场。大数据和人工智能技术的广泛应用，驱动着物流业从劳动密集型向技术密集型转变，迈入科技驱动的智慧物流新时代。当前，物流企业对智慧物流的需求主要集中在物流技术、物流云、物流模式和物流大数据这四个领域。《中国智慧物流发展报告》显示，2016 年智慧物流市场的规模超过 2 000 亿元，预计到2025 年，智慧物流市场的规模将超过 1 万亿元，发展市场前景广阔。以智能快递柜为例，截至 2016 年年底，我国智能快递柜已由 2015 年的 6 万多台增加到近 16 万台，以数字技术技术为依托的智慧物流将再造物流产业新结构，引领物流产业新发展。

3. 数字零售

零售业是国民经济的基础产业，在经历了百货商店、连锁商店时代后，发展成为超级市场，现阶段又出现了电子商务、网店和社交电商等。服务业领域数字经济领先发展，特别是电子商务、共享经济等服务业数字化发展迅猛，对数字经济增长的贡献巨大。

零售数字化和智能化是改变零售服务和消费模式的必经之路。首先，零售的数字化和智能化都依赖于海量的零售数据。消费的行为和数据来自多个方面，无论是国家财政、企业业绩，还是用户点击行为，都是数据来源和智能的基础，这些数据分布在网络上不同的服务器和电脑中。利用云计算和数据挖掘，可以有效分析用户需求，从而按需生产，并灵活根据用户的消费意图提前布局和调整商品的品质和特点，从而更好地满足用户需求。其次，用户画像必须精准。它可以精确定位一个人在某一天的某一个时刻身在何处，正在做什么。通过人工智能自动分析用户的网络行为、消费数据和浏览记录等，给每个用户建立一个面向消费的用户画像，精准地获取每个用户的兴趣点和偏好模型，从而实现有的放矢的商品推荐和精准营销。另外，零售数字化是一条打通线上和线下的无形纽带，有效地连接了供给方和需求方，使得整个零售业变成一个有机的整体。

4. 数字金融

金融科技以人工智能、大数据、云计算、区块链等新一代信息技术为关键驱动力，助推数字化时代金融行业创新和变革发展，已全面覆盖营销、风控、授信、投顾、客服等主要金融业务流程，催生了移动支付、数字信贷、网络保险、数字理财等一系列新型金融业务模式，给金融产业链、供应链和价值链带来了深刻影响。人工智能技术的快速成熟与普及，为金融行业的服务创新带来了无穷想象力。越来越多的金融机构积极探索用人工智能技术推动金融服务创新，实现向科技型金融机构的全面转型。在此背景下，刷脸支付、智能投顾、智能客服、智能信贷与监控预警创新型金融服务应运而生。人工智能在金融领域的广泛运用，有力提升了金融服务机构的客户需求分析能力、数据挖掘分析能力、市场行情预测能力、风险管控能力等，为金融科技创新和普惠金融发展提供了全新动力。总之，智能金融可以降低金融市场信息不完整和不对称的程度。一是通过大数据的引入，各方可以对金融市场有更为精确的画像，并可进行更加准确的预测，使得市场更加有效；二是通过更加精准地判断金融客户信用状况，可以匹配更好的信贷产品，也可降低风控的损失；三是通过对客户身份、收入及风险偏好的准确把握，在降低欺诈风险的情况下，实现自动化金融服务，降低人工成本。

5. 数字教育

数字技术与教育产业的融合与发展，是实现个性化、精准化教育的重要途径。数字技术从诞生起就与教育紧密相关，其实质是研究让计算机接受教育、提高智能的科学技术，其研究成果又可以反过来应用到教育领域，提升教育工作效率。目前，人工智能在教育中应用较为广泛，如：科大讯飞的畅言智慧校园、上海易教的智慧课堂系统、浙大万鹏的智慧云课堂，还有百度教育、腾讯教育、网易教育、沪江网校、作业帮、猿题库、乐学高考、超级课程表等人工智能与教育产业的深度融合，可以有效促进教学过程的个性化，推进教育资源的均衡化，建立以学习者为中心的教育环境，提供精准推送的教育服务，实现日常教育和终身教育定制化。

未来的时代是智能时代，未来的教育是智能教育，重视人工智能在教育领域的应用，对我国未来教育发展有着重要意义。此外，为更好地寻找人工智能与教育的契合点，应促进人工智能技术人员与教师的合作，提高教育管理者和教师的数据素养，培养学生的计算思维能力，以更好地应对未来。

学校联网攻坚行动深入实施，数字校园建设全面普及，贫困地区学校宽带接入和网络提速降费持续推进。教育资源开放共享程度不断深化，国家数字教育资源公共服务体系日益完善，已接入各级上线平台212个，应用访问总数达到3.6亿人次。国家数字化学习资源中心也在积极开发汇聚海量优质数字化学习资源，2020年入库课程达7.9万余门，各类媒体资源数量超过37.8万条，涵盖了学历教育、非学历教育和公共媒体素材等多个方向。截至2020年年底，我国上线慕课课程数量增加至3.4万门，学习人数达5.4亿人次。在线教学模式覆盖范围持续拓展，"一师一优课，一课一名师"活动持续推进，晒课数量达到2 012万堂。"网络学习空间人人通"加速发展，应用范围从职业教育拓展到各级各类教育，师生网络学习空间开通数量超过1亿个。高校在线教学英文版国际平台"爱课程"和"学堂在线"入选教科文组织全球教育联盟，首批已上线500余门英文版课程。

截至2020年年底，我国中小学（含教学点）互联网接入率从2016年年底的71.5%上升到2020年年底的98.35%，出口带宽达到100M的学校比例为99.92%，100%的中小学已拥有多媒体教室，进一步夯实了信息化教学基础条件（见表7-2）。

表7-2　我国中小学互联网接入率及拥有多媒体教室的学校比例

年份	互联网接入率/%	多媒体教室学校比例/%
2016	71.5	79.37
2017	78.9	85.33
2018	85.7	91.9
2019	90.2	98.41
2020	98.35	100

资料来源：教育部网站。

截至2020年6月，我国在线教育用户达3.8亿户，占网民整体的40.5%；手机在线教育用户达3.77%，占手机网民整体的40.4%（见图7-1）。

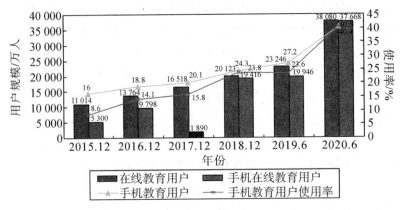

图 7-1　在线教育用户规模及使用率

资料来源：根据中国互联网发展状况统计报告数据整理。

6. 数字医疗

人民健康是民族昌盛和国家富强的重要标志，同时也是广大人民群众的共同追求。医疗健康事业带给人民群众实实在在的福祉，除了得益于政策的支持，也离不开科学技术的进步。数字医疗将依赖于纸、胶片等介质的业务和管理信息电子化，有效节省了人力、时间与空间成本，降低了出错比例，提高了诊疗效率；互联网医疗通过把医院的部分业务流程以互联网为媒介对外开放，形成医疗资源供给和病患需求的即时对接，大大提升了就医满意度。

数字技术正在给医疗健康行业注入强大动力。IBM、谷歌、微软、百度、阿里等国内外企业都开始对医疗领域进行布局，相关研发与应用涉及辅助诊疗、医学影像、药效挖掘、精准医疗、健康管理等多个方面。伴随人工智能的发展热潮，未来医疗行业也将朝着智能医疗阶段迈进。

与传统医疗相比数字医疗具有的比较优势有：①数字技术具有深度学习能力，可以快速吸收大量医学数据并进行实践运用，训练出的"人工智能医生"可以达到专业医生的水准，进行辅助诊断，从而缓解医生数量不足的问题。②在医疗资源分配方面，通过建立人工智能"云端"诊疗平台，实现病患分级治疗，合理配置医疗资源，可以促进基本医疗卫生服务均等化。③在药品研发和测试方面，数字技术有助于实现药品自主研发、筛选与安全评估，可以有效提升医药生产效率，降低直接在动物或人身上试药的风险，提高医药研发速度。④在医疗效率方面，由于数字技术在语言识别、图像处理、文本理解、深度学习等方面具有较强优势，将人工智能应用于医院建设和管理，可以协助医生完成阅片、病人身体监测、远程问诊等工作，从而大幅度提高医疗效率。⑤在慢性病防控和健康状况监测方面，人们可使用智能医疗软件，监测自身健康状况，通过语音识别等技术与智能医疗助手进行实时沟通，获取健康诊断、养生知识、保健建议等信息，从而达到预防或调理慢性疾病、尽可能避免突发性疾病死亡的目的。

"数字+"防疫科普、在线咨询、远程会诊、药品配送等健康服务新业态快速普及。截至 2021 年 6 月，我国在线医疗用户规模达 23 933 万人，较 2020 年 12 月增长 2 453 万人，占整体网民的 23.7%（见表 7-3）。

表 7-3　我国在线医疗现状

时间	用户规模/万人	网民使用率/%
2020 年 6 月	27 602	29.4
2020 年 12 月	21 480	21.7
2021 年 6 月	23 933	23.7

资料来源：CNNIC《第 46~48 次互联网发展状况统计报告》。

7. 数字法务

目前人工智能已在我国司法领域中有初步实践，主要包含文书自动生成、智能语音庭审、网上诉讼、自助服务等。人工智能技术中的计算机视觉、机器学习、语音识别身份、电子证据举证质证，可通过对电子数据原文和已保存的数据进行自动比对，判断是否有过后期篡改，从而用来辅助验证电子证据的真实性。基于大数据的深度学习功能可避免人的主观性，对案件数据库信息进行分析后，可实现诉讼结果预判、类案推送、分析胜诉率等功能。如广州中级人民法院的"智审辅助量刑裁决系统"，当法官输入案件要素后，系统会在传统推送相似案例的基础上自动进行比对和运算，并对量刑幅度给出图形分析和数据参照，统一定罪量刑，防止类案不同判。语音识别技术的应用最为成熟，如科大讯飞的庭审系统可针对不同类型案件、不同地域口音通过机器自我学习，实现智能庭审过程中法言法语的有效识别，采用人工智能语音识别技术对庭审语音的实时转录，解决因书记员录入速度局限造成的庭审速度受限问题，提升审判效率。

第二节　服务业数字化背景下资本有机构成新变化

一、服务业数字化背景下资本有机构成新变化成因

数字经济条件下，服务业资本有机构成有提高的趋势。究其原因，是由于智能技术在零售、餐饮、交通、金融、商务等服务行业的应用，提升了市场主体运营效率，实现了精准服务，降低了单位资本对劳动力的使用。但是，数字经济发展增加对高端劳动力需求，服务业资本有机构成又有降低的趋势。

1. 服务业大多数工作任务属于非程序工作任务

因为服务业大多数工作任务属于非程序性工作，具有不确定性，无法完全实现智能化和自动化。这些非程序性工作既包括非程序性、低技能的手工操作，也包括创造性、高技能的认知活动。在这些非程序性工作岗位，人类智能与人工智能是互补的，完成任务需要人机协同，人力资本重要性相对提升，因此资本有机构成有下降趋势。

2. 数字服务设备应用促使效率提升和价格下降

智能服务设备使用效率提升和价格下降，减少了经营主体对固定资本投入。智能服务业发展有利于落实绿色发展理念。多数服务业属于劳动或知识密集型行业，具有鲜明的低碳特征。因此，产业结构由工业为主转向服务业为主，必然大幅降低经济增长对能源资源的依赖程度。

3. 共享经济发展降低存量固定资产占比

建立在智能服务平台上的分享经济通过第三方平台（互联网或移动互联网），将闲置盈余的资产或服务等以有偿或无偿的方式提供给另一方使用。同时，分享经济有助于提升就业岗位的创造能力和就业市场的匹配能力，增加大量灵活就业岗位。所以，分享经济的发展，一方面降低了固定资本增加的规模和速度，另一方面提高了平台参与者收入占比，从而有助于资本有机构成降低。按照不同的应用方式，人工智能开放平台主要分为三大类，分别是：底层核心平台、通用技术平台和行业应用平台。人工智能开放平台能够将人工智能企业的技术能力和计算资源，与传统企业的数据和应用需求连接起来，通过供需双方资源的有机整合，有效提升行业运营效率、创造新产品，因此将成为人工智能与实体经济融合创新的重要基

础设施。当前，国内外一些互联网企业正在积极打造人工智能开放平台，将人工智能核心技术、资源和能力开放出来。其中，百度通过多个开放平台，已开放了数百项人工智能核心技术能力。国外的谷歌、微软、亚马逊等企业也在广泛布局。这些开放平台已经取得了不错的应用效果，让传统行业能够便捷地使用人工智能技术和计算资源，成为实体经济与人工智能融合创新的桥梁。

二、服务业各行业资本有机构成新变化的表现

第三产业在吸纳劳动力方面远远高于第一第二产业，科技进步带来劳动生产率的提高，并没有让资本技术构成与资本价值构成保持上升趋势。

1. 资本的价值构成

从服务业分行业 2016 年到 2019 年固定资产投资与职工工资总额的比例变动趋势看，交通运输、仓储和邮政业，信息传输、软件技术和服务业，批发和零售业，住宿和餐饮业，金融，房地产，租赁和商务服务业，居民服务和其他服务业，卫生、社会保障和社会福利业的资本价值构成处于下降态势，而科学研究和技术服务业，水利、环境和公共设施管理业，教育，文体等服务行业的资本价值构成处于小幅上升态势（见表 7-4）。

表 7-4　服务业分行业固定资产投资与职工工资总额的比例变动

年份	交通运输、仓储和邮政业	信息传输、软件技术和服务业	批发和零售业	住宿和餐饮业	金融	房地产	租赁和商务服务业	科学研究和技术服务业	水利、环境和公共设施管理业	居民服务和其他服务业	教育	卫生、社会保障和社会福利业	文体
2010	10.973	2.042 6	2.934 9	6.157 0	0.148 1	77.35	2.075 1	0.783 8	40.167	4.505 9	0.605 9	0.781 7	4.797 4
2013	7.515 3	1.042 9	2.831 0	5.791 9	0.235 5	59.181	2.234 3	1.065 6	40.366	7.198 5	0.619 0	0.713 6	0.620 5
2016	8.596 9	1.425 8	3.157 7	5.095 9	0.173 3	48.280	3.324 7	1.378 9	53.714	8.056 0	0.729 0	0.920 2	6.503 3
2019	8.306 8	0.815 8	1.475 4	4.382 7	0.100 4	40.695	3.072 0	1.384 0	58.533	4.021 1	0.758 0	0.773 4	7.402 8

注：职工工资总额为 1。从 2011 年起，城镇固定资产投资数据发布口径改为固定资产投资（不含农户），固定资产投资（不含农户）等于原口径的城镇固定资产投资加上农村企事业组织的项目投资。

从表 7-4 和图 7-2 可以看出，2010—2019 年，交通运输、仓储和邮政业资本价值构成由 10.973∶1 下降到 8.306 8∶1，信息传输、软件技术和服务业资本价值构成由 2.042 6∶1 下降到 0.815 8∶1。同时，科学研究和技术服务业资本价值构成由 0.783 8∶1 上升到 1.384 0∶1，水利、环境和公共设施管理业资本价值构成由 40.167∶1 上升到 58.533∶1。

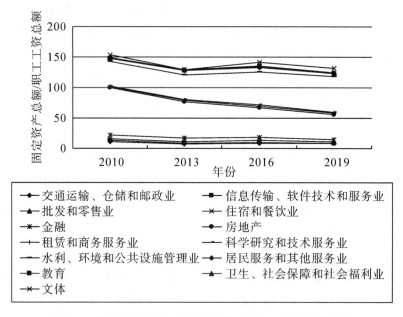

图 7-2 服务业分行业固定资产投资与职工工资总额的比例

2. 资本的技术构成

从固定资产投资与职工人数的比例变动趋势看，2016 年后服务业中信息传输、软件技术和服务业，批发和零售业，金融，租赁和商务服务业，居民服务和其他服务业资本技术构成在下降，交通运输、仓储和邮政业，房地产，科学研究和技术服务业，卫生、社会保障和社会福利业，文体资本技术构成在持续上升（见表 7-5）。第三产业部分资本技术构成开始下降，能够吸纳更多的劳动力。

表 7-5 服务业分行业固定资产投资与职工人数的比例变动趋势

年份	交通运输、仓储和邮政业	信息传输、软件技术和服务业	批发和零售业	住宿和餐饮业	金融	房地产	租赁和商务服务业	科学研究和技术服务业	水利、环境和公共设施管理业	居民服务和其他服务业	教育	卫生、社会保障和社会福利业	文体
2010	301 885	43 801	61 844	97 220	5 389	3 128	56 567	26 613	665 442	77 133	13 290	16 115	141 213
2013	429 425	94 339	141 426	6 012.41	197 777	297 806	5 874.64	139 209	145 415	277 002	32 009	40 757	355 474
2016	658 018	173 589	205 017	220 273	19 702	313 156	252 371	132 565	254 248	356 884	53 925	724 516	518 551
2019	780 051	173 447	131 565	222 314	13 018	323 727	175 935	183 062	357 678	243 023	73 252	831 300	798 198

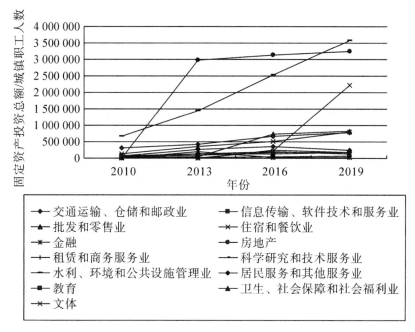

图 7-3 服务业分行业固定资产投资与职工人数的比例变动

从图 7-2 和图 7-3 看出，服务业一些行业资本的技术构成和价值构成变动是不协同的。马克思指出："在每一个产业部门，技术构成和价值构成的差别都表现为：在技术构成不变时，资本的两个部分的价值比例可以发生变化；在技术构成发生变化时，资本的两个部分价值比例可以保持不变。"[①]

一部分服务业技术构成下降和另一部分服务业技术构成缓慢上升是否带来就业增长取决于总资本增速与资本有机构成上升速度快慢的比较。马克思指出，"工厂工人人数增加以投入工厂的总资本更迅速得多的增加为条件"[②]。"积累的增进虽然使资本可变部分的相对量减少，但是决不因此排斥它的绝对量的增加"[③]。

从表 7-6 可以看出，2013—2019 年服务业大多数行业总资产增长率为正，互联网和相关服务、房地产租赁经营增长率最高，分别为 440.93% 和411.42%。增长率最低的为机动车、电子产品和日用产品修理业，增长率为-53.92%，其次为装卸搬运运输代理，增长率为-43.41%。

---

① 马克思. 资本论：第三卷 [M]. 北京：人民出版社，2004：163.
② 马克思. 资本论：第一卷 [M]. 北京：人民出版社，2004：523.
③ 马克思. 资本论：第一卷 [M]. 北京：人民出版社，2004：719.

表 7-6 服务业中类各行业资产及增长率　　金额单位：亿元

行业	2013 年	2016 年	2017 年	2018 年	2019 年	2019 年比 2013 年增长/%
批发和零售业	201 131.9	261 758.8	283 210.4	309 482.1	358 775.2	78.37
批发业	156 693.5	201 322.9	222 004.5	247 653.8	293 883.5	87.55
零售业	44 438.4	60 435.9	61 205.9	61 828.3	64 891.7	46.02
住宿和餐饮业	14 927.4	6 219.2	17 649.9	18 649.9	20 361.1	36.40
住宿业	10 369.7	1 215.9	12 648.0	13 529.5	14 771.0	42.43
餐饮业	4 557.7	5 003.3	5 001.9	5 120.4	5 590.1	22.64
铁路运输业	49 500.6	49 874.7	48 012.8	71 006.0	79 083.5	59.76
道路运输业	69 949.1	105 637.4	86 203.0	100 440.9	123 128.3	76.02
水上运输业	21 605.3	30 191.7	21 504.2	20 575.8	20 930.2	−3.12
航空运输业	13 080.7	23 856.0	19 306.3	22 023.5	24 679.1	88.66
管道运输业	3 798.6	5 271.5	4 402.4	4 924.5	5 093.2	34.06
装卸搬运运输代理	11 218.0	12 939.4	7 581.4	6 052.1	6 347.7	−43.41
仓储业	16 878.5	26 671.2	15 794.9	19 142.0	18 516.5	9.70
邮政业	2 659.8	3 987.3	3 258.7	3 579.9	4 050.0	52.25
电信、广播电视	46 727.2	56 753.6	52 113.1	55 329.4	55 473.5	18.71
互联网和相关服务	4 761.1	16 034.0	17 221.1	21 853.3	25 754.4	440.93
软件信息技术服务	26 286.3	44 150.7	36 495.6	37 153.6	44 481.3	69.21
房地产中介服务	5 489.5	4 839.5	2 228.3	2 039.3	4 626.8	−15.71
房地产租赁经营	11 670.	16 230.1	23 024.6	41 083.2	59 683.1	411.42
租赁业	7 573.9	34 638.7	6 413.1	6 094.2	5 637.9	−25.56
商务服务业	532 104.3	827 122.2	340 776.9	324 021.9	347 306.4	−34.72
研究和试验发展	8 864.3	14 161.5	6 902.8	6 251.1	7 063.8	−20.30
专业技术服务业	45 990.8	62 905.0	33 331.9	38 051.4	44 198.5	−3.89
科技推广和应用	12 597.8	25 986.6	7 823.0	9 983.3	11 609.3	−7.85
水利管理业	4 644.1	5 889.7	1 374.6	3 168.9	3 809.7	−17.95
生态保护环境治理	2 055.8	5 206.5	2 489.0	2 536.3	3 006.6	46.25
公共设施管理业	27 297.9	39 753.0	22 729.7	22 168.8	22 394.7	−17.96
居民服务业	2 486.8	3 915.4	1 236.7	1 317.9	1 512.5	−39.16
机动车、电子产品和日用产品修理业	2 487.3	3 740.9	1 092.7	1 150.9	1 146.3	−53.92

表7-6(续)

行业	2013 年	2016 年	2017 年	2018 年	2019 年	2019 年比 2013 年增长/%
教育	3 096.7	4 602.6	2 861.2	3 470.1	4 118.1	32.96
卫生	3 202.2	4 622.2	3 422.7	3 938.8	4 789.7	49.59
社会工作	360.2	1 033.5	119.0	156.0	288.3	-0.2
新闻和出版业	4 017.8	5 665.0	4 456.2	4 628.1	4 816.6	19.88
广播、电视、电影	4 238.7	7 667.3	5 945.8	5 942.5	6 620.5	56.19
文化艺术业	2 676.5	3 421.5	1 548.8	1 844.3	2 042.7	-23.68
体育	1 372.4	3 264.4	1 231.8	1 450.1	1 661.9	21.13
娱乐业	2 819.7	4 097.2	2 617.7	3 562.3	4 114.7	45.92

资料来源：国家统计局数据库。

第三节　服务业数字化毁灭部分传统就业岗位

一、劳动力需求的工资弹性系数

马克思指出："可变资本在它所指挥的工人人数不变或甚至减少的情况下也会增长。……在这种场合，可变资本的增长是劳动增加的指数，而不是就业工人增加的指数。"[①]。所以，可变资本增长时对劳动力的吸纳能力大小还需要看劳动力需求的工资弹性。

美国经济学家 James Bessen（2018）认为，人工智能技术是否对就业产生创造力取决于生产效率与需求弹性比较。若生产效率提高大于需求弹性，则替代效应大于创造效应；反之，替代效应小于创造效应[②]。

劳动力需求的工资弹性系数是衡量一个行业雇佣情况对工资变化的敏感程度，即工资发生 1% 变化时短期就业人数变动的百分比。当弹性系数的绝对值大于 1 时，劳动力需求富有弹性。当弹性系数的绝对值小于 1 时，劳动力需求缺乏弹性。

---

① 马克思. 资本论：第一卷 [M]. 北京：人民出版社，2004：732.

② JAMES. AI and jobs：the role of demand [EB/OL]. http:///www.nber.org/papers/w24235.

根据历年《中国固定资产统计年鉴》和《中国劳动统计年鉴》数据，以服务业就业变动百分比为被解释变量、服务业工资变动的百分比为解释变量，应用线性回归分析计算出服务业各行业就业的工资弹性系数（见表7-7）。

表 7-7 服务业各行业就业的工资弹性系数

行业	回归系数
交通运输、仓储和邮政业	0. 226 939 8 *** Number of obs = 16 R-squared = 0. 923 0
信息传输、计算机服务和软件业	0. 282 688 3 *** Number of obs = 16 R-squared = 0. 989 4
批发和零售业	0. 123 304 3 *** R-squared = 0. 886 6
住宿和餐饮业	0. 985 534 7 *** R-squared = 0. 989 0
金融业	1. 120 727 *** R-squared = 0. 963 2
房地产业	0. 845 468 5 *** R-squared = 0. 994 4
租赁和商务服务业	0. 746 607 4 *** R-squared = 0. 976 2
科学研究、技术服务和地质勘查业	1. 036 996 *** R-squared = 0. 993 4
居民服务和其他服务业	1. 572 964 *** R-squared = 0. 995 5
卫生、社会保障和社会福利业	1. 127 043 *** R-squared = 0. 995 5
文化体育和娱乐业	1. 294 795 *** R-squared = 0. 996 1

从表7-7可以看出，文化体育和娱乐业、居民服务和其他服务业、科学研究、技术服务和地质勘查业、房地产业工资就业弹性系数较高，而交通运输、仓储和邮政业，批发和零售业工资就业弹性系数较低。

二、传统服务业就业人数的减少

由于总资本增长速度低于资本有机构成上升速度，部分传统服务业就业人数的显著减少。2013—2020 年，批发和零售业城镇单位就业人数增长率为−12.25%，交通运输、仓储和邮政业就业增长率为−4.07%，住宿和餐饮业就业增长率为−15.70%（见表 7-8）。

表 7-8　部分服务行业城镇单位就业人数的减少

项目	2013年	2014年	2015年	2016年	2017年	2018年	2019年	2020年	2013—2020增长率/%
批发和零售业/万人	896.8	888.6	883.3	875	842.8	823.3	830	786.9	−12.25
交通运输、仓储和邮政业/万人	846.2	861.4	854.4	849.5	843.9	819	815.5	812.2	−4.07
住宿和餐饮业/万人	304.4	289.3	276.1	269.7	265.9	269.8	265.2	256.6	−15.70

注：在交通运输、仓储和邮政业中，现划分为多式联运和运输代理业、装卸搬运和仓储业，原划为装卸搬运和运输代理业、仓储业。

资料来源：根据《中国劳动统计年鉴》数据整理。

三、数字零售对传统零售业就业冲击

数字零售以大数据和智能技术驱动市场零售新业态，优化从生产、流通到销售的全产业链资源配置与效率，从而实现产业服务与效能的智能化升级。其商业化应用包括智能营销推荐、智能支付系统、智能客服、无人仓/无人车、无人店、智能配送等。无人零售商店具备较低人力、租金和时间成本的优势，成为零售企业和互联网巨头积极拓展的全新领域。

随着无人零售、新零售新兴概念的抬头，传统零售领域的人力成本正在下降，超市、百货行业的招聘需求就有所下滑。

从机器保有量来看，近年来，我国自助售货机保有量均呈现 30% 以上的高速增长态势。2016 年，我国自助售货机的保有量在 19 万台左右，同比增长 58.3%。2017 全年我国自助售货机保有量达 27.5 万台。但从人均拥有量来看，我国人均自助售货机保有量仍较小。2017 年，我国人均自助售货机拥有量为 5 000 人/台，2019 年人均自助售货机拥有量为 4 000 人/台。而在自助售货机分布最为密集的日本，平均每 29 人就拥有一台自动售货机，可见我国自助售货机存量增长空间大（见表 7-9）。

表 7-9　我国零售业年末从业人员变化

年份	自动售货机保有量/台	限额以上互联网零售企业从业人数/人	零售业从业人员/人
2012	32 000	45 461	5 752 000
2013	58 000	49 833	6 553 000
2014	90 000	78 885	6 819 000
2015	120 000	103 022	6 828 000
2016	190 000	176 323	6 977 000
2017	275 000	214 639	6 775 000
2018	310 000	200 519	6 576 000
2019	350 000	250 474	6 454 000

资料来源：①根据中国统计年鉴数据整理。

②前瞻产业研究院. 2020—2026 年中国自动售货机市场分析预测及发展趋势研究报告［EB/OL］. https://www.chyxx.com/research/201801/608062.html。

以我国零售业年末从业人员数量作为因变量，以自动售货机保有量、自动售货机保有量的二次方作为自变量进行非线性回归分析。"wholesale"表示我国零售业年末从业人员数量，"auto"表示自动售货机保有量，"$auto^2$"表示自动售货机保有量的二次方（见表 7-10）。

表 7-10　自动售货机保有量对零售业从业人员影响

自变量	因变量：wholesale					
	Coef.	Std. Err.	t	P>|t|	［95% Conf. Interval］	
auto	20. 266 49	3. 351 378	6. 05	0. 002	11. 651 5	28. 881 48
$auto^2$	−0. 000 052	0. 000 010	−5. 22	0. 003	−0. 000 078	−0. 000 026
_cons	5 229 641	198 062. 5	26. 40	0. 000	4 720 505	5 738 777
Number of obs = 10　　　　R-squared = 0. 900 3						

自动售货机安装初期和扩张期能够增加零售业就业人数，但是当自动售货机安装接近饱和时，就会减少对零售业就业人数需求。因为在自动售货机安装的初期和扩张期，会降低零售企业运营成本，增加利润，促使企业扩大再生产，增设商业网点，从而增加对劳动力需求。在市场成熟期，资本扩张的速度就会慢于资本有机构成上升的速度，对劳动力需求绝对减少。

四、数字物流对传统物流业就业冲击

数字物流是指基于数字技术（机器学习、深度学习、计算机视角和自动驾驶等）的软硬件产品和服务（无人机、无人卡车、搬运机器人、分拣机器人等）在物流各环节（运输、仓储、配送、客服等）中的实际落地应用。智慧物流在物流个环节应用落地包括智能运输、智能仓储、智能仓储、智能客服。通过智能硬件、物联网、大数据等智慧化技术与手段，提高物流系统分析决策和智能执行的能力，提升整个物流系统的智能化、自动化水平。当前物流企业对智慧物流的需求主要包括物流数据、物流云、物流设备三大领域。

我国物流行业已由早期竞争格局相对分散的状态逐步走向专业化和规模化的格局，社会物流总额逐年提升，至 2017 年已达 253 万亿元的水平。在经济全球化和电子商务的双重推动下，传统物流业正在向现代物流迅速转型并成为未来发展的必然趋势，智能物流业务成为推动现代物流体系转型升级的关键因素。京东的很多大型仓库（比如亚洲一号仓库）已经实现了全程自动化的无人控制。用户在网上下了一个订单，后台智能系统自动开始从不同的仓库仓位进行取货、分拣、打包、打标签、流水线配货，高速的计算机系统可以瞬间完成几百个运货机器人的取货送货线路规划，通过机械手臂、机器人、智能传送带等设备的协同配合，高效完成仓库工作。整个仓库只需要少量人工进行运维、优化工作，即可完成日单量超过 20 万件的发货任务。这样的无人仓库其工作效率是传统仓库的 10 倍。2019—2025 年人工智能+物流市场规模如表 7-11 所示。

表 7-11　2019—2025 年人工智能+物流市场规模

年份	市场规模/亿元	增长率/%
2019	15.9	
2020	22.4	41.3
2021	33.3	48.5
2022	46.8	40.5
2023	62.5	33.6
2024	79.6	27.3
2025	97.3	22.2

资料来源：艾瑞咨询. 2020 年中国人工智能+物流发展研究报告［R/OL］.（2020-07-13）. http://www.cbdio.com/BigData/2020-07/13/content_6158225.htm.

搬运机器人的应用提高了装卸搬运和运输效率，因此装卸搬运和运输代理业、仓储业就业人数持续下降（见图7-4）。2013—2018 年，装卸搬运和运输代理业就业人数下降幅度为-29.11%，仓储业就业人数下降幅度为-6.76%。

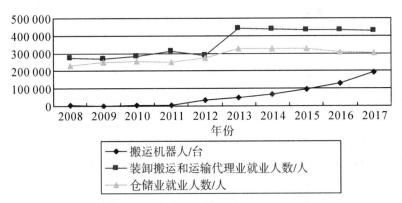

图 7-4　搬运机器人对装卸搬运和运输代理业、仓储业的影响
资料来源：根据国际机器人联合会和《中国劳动统计年鉴》数据整理。

以运输代理业和仓储业就业人数为被解释变量、机器人安装量为被解释变量，二次转换后进行线性回归分析。

被解释变量：①运输代理业就业人数，用"agency"表示。②仓储业就业人数，用"storage"表示。

解释变量：①"robot"表示机器人安装量的一次方。②"robot2"表示机器人安装量的二次方。

我国装卸搬运和仓储业就业人数在搬运机器人安装量分别达到 46 399 台和 95 376 台门槛前是递增的，然后是递减的，两者就业人数分别在 2016 年和 2015 年开始持续下降，且在 1% 水平上显著，回归结果见表 7-12。

表 7-12　搬运机器人安装量对运输代理业和仓储业就业人数影响

	agency	storage
robot	2.785 402 *** （0.446 274 9）	1.547 096 *** （0.242 953 3）
robot2	−0.000 010 6 *** （2.62e-06）	−6.68e-06 *** （1.28e-06）

表7-12（续）

	agency	storage
cons	274 522. 8 *** （11 001. 4）	242 950. 4 *** （5 634. 229）
N	13	13
R-squared	0. 823 1	0. 864 9

注：表中括号内为标准误。*、**、*** 分别表示在 10%、5%、1%的水平上显著。

五、数字金融对传统金融业就业冲击

数字金融以数字技术（机器学习、人脸识别、自然语言处理、计算机视角）作为主要驱动力，为金融行业的各市场主体、个业务环节赋能，突出了 AI 对金融业产品创新、流程再造、服务升级的作用。数字技术的不断发展，为银行及其他金融机构海量数据的分析提供了技术支撑。深度学习、计算机视角、自然语言处理等技术的突破，为人工智能与金融的融合提供了技术手段。金融行业在长期发展中沉淀了海量数据，如客户身份数据、资产负债数据，交易信息数据，为人工智能在金融业应用提供了原料。金融是最依赖数据的行业之一，人工智能技术与金融行业相融合，通过基于大数据的人工智能技术驱动金融科技智能化升级。

2017 年 5 月，中国人民银行成立了金融科技委员会，旨在加强金融科技的研究和统筹规划工作，利用人工智能、大数据、云计算等技术丰富金融监管手段，提高对跨行业、跨市场交叉性金融风险甄别、防范能力。为了进一步提高金融科技应用能力，促进金融与科技提融合发展，2019 年 9 月，中国人民银行正式发布《金融科技发展规划（2020—2021）》。近年来，数字技术逐渐渗透到金融产品和服务之中，国内外金融机构纷纷发力金融科技。AI 技术赋能金融领域，从应用角度看，主要包括智能投顾、征信风控、金融搜索引擎、保险、身份验证和智能客服等。"智能柜员机"终端等同于一名业务人员，省去了传统办理业务模式的纸质填单环节，通过影像识别、证件读取、电子签名等完成业务处理，并在产品领取机上联动领取到银行卡片等。在智能终端上，可办理银行卡、卡片启用、挂失、密码重置、电子银行等 90%以上的非现金业务。蚂蚁金融服务集团是我国的一家金融科技公司，该公司使用大数据而非雇佣数千名信贷员或者律师对贷款协议进行评估。人工智能在金融领域的应用场景如表 7-13 所示。

表 7-13　人工智能在金融领域的应用场景

应用场景	应用环节			
智能风控	贷款申请： 人脸识别； 机器学习	贷款审核： 微表情识别； 语音识别； 知识图谱； 机器学习	贷后监控： 知识图谱； 机器学习	贷后逾期催款： 语音交互； 机器学习
智能支付	人脸识别支付	指纹识别支付	虹膜识别支付	声纹识别 支付
智能理赔	智能审核： 人脸识别； 声纹识别	智能定损： 机器学习； 深度学习	智能支付： 人脸识别； 指纹识别	——
智能投研	分析文本报告	智能资产管理	智能风险预警	智能搜索推荐
智能投顾	投后服务	资产管理	流程引导	资产配置

数字技术会消减金融市场就业岗位。从细分金融机构来看，各大型金融机构就业人数受金融科技冲击大。中国农业银行从业人数由 2014 年最多时的 510 396 人下降到 2018 年的 473 691 人，下降幅度为 -7.19%。中国工商银行从业人数由 2015 年最高时的 466 346 人下降到 2018 年的 426 949 人，下降幅度为 -8.45%。中国建设银行由 2015 年就业人数 369 183 人下降到 2018 年的 345 971 人，下降幅度为 -6.29%。中国邮政储蓄银行的就业人数从 2013 年最多时的 186 002 人减少到 2018 年的 170 809 人，下降幅度为 -8.16%。2009—2018 年我国细分大型金融机构从业人员变化如图 7-5 所示。

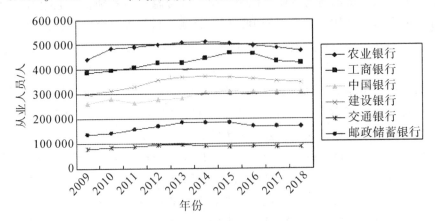

图 7-5　2009—2018 年我国细分大型金融机构从业人员变化

资料来源：根据中国金融年鉴数据整理。

第四节 服务业数字化创造新的就业增长点

从产业结构来看，产业结构是就业结构的重要决定因素，"第一克拉克定理"为劳动力在三次产业中的分布会呈现出第一产业的就业比重逐步下降，第二产业的就业比重从上升到稳定再趋于下降，第三产业的就业比重不断提高的趋势。此规律在数字经济就业中也同样适用。2019 年服务业数字化渗透率达到 37.8%，远高于工业的 19.5%、农业的 8.2%，产业结构升级的同时带动了就业结构的非农化转换。因此，从长期来看，数字经济人才由第一产业向第二产业和第三产业流动趋势不可避免。

一、数字服务业拓展就业新空间

当前我国正处于产业结构转型的关键时期，传统工业增长动力减弱，服务业增长动力增强。当前我国服务业发展前景较好，成为我国经济稳定增长的主要支柱。在服务业内部，传统行业（房地产、物流、批发和零售等）增速减弱，互联网金融、文化旅游、电子商务、信息消费服务业等行业增长迅速。服务业新行业、新业态、新模式正在不断涌现，活跃了消费市场，强化了行业竞争，推动了服务业规模扩大和水平提高，成为吸纳我国新生劳动力的主渠道。

现代服务业发展活力不断释放。从增加值来看，2020 年，信息传输、软件和信息技术服务业，金融业，房地产业增加值比上年分别增长16.9%、7.0% 和 2.9%，合计拉动服务业增加值增长 2.7 个百分点，有力支撑了总体经济的恢复。从生产指数来看，2020 年 12 月，信息传输、软件和信息技术服务业，金融业，房地产业生产指数同比分别增长 16.4%、8.0% 和 8.2%，合计拉动当月服务业生产指数增长 4.1 个百分点，对当月服务业生产指数贡献率达 53.2%。

服务业转型升级态势稳健。数字变革加速了新消费行为和新经济形态的涌现，对抵御疫情冲击、释放经济活力起到了显著作用。线上购物、直播带货、网上外卖等新消费模式强势增长，2020 年实物商品网上零售额比上年增长 14.8%，高于社会消费品零售总额增速 18.7 个百分点，占社会消费品零售总额的比重为 24.9%；线上交易的火爆使快递业务量也大幅度增长，全国快递服务企业业务量累计完成 833.6 亿件，比上年增长 31.2%。在线办公、在线教育、远程问诊等新消费需求依然旺盛，带动相关服务业快速增长，1—11 月，全国移动互联网累计流量达 1 495.0 亿 GB，同比增长 35.1%；规模以上互联网和相关服务、软件和信息技术服务业企业营业收入同比分别增长 20.7% 和 15.7%，增速分别快于规模以上服务业企业 19.1 和 14.1 个百分点。

重点服务业领域发展动能强劲。2020 年，高技术服务业投资保持较快增长，比上年增长 9.1%，增速高出全部服务业投资 5.5 个百分点。1—11 月，高技术服务业实际使用外资同比增长 31.6%，其中，电子商务服务、专业技术服务、研发与设计服务、科技成果转化服务同比分别增长 43.9%、35.1%、93.6% 和 53.0%。1—11 月，规模以上高技术服务业、科技服务业和战略性新兴服务业企业营业收入同比分别增长 12.0%、11.0% 和 8.6%，增速分别快于规模以上服务业企业 10.4、9.4 和 7.0 个百分点①。

数字技术在医疗、教育、金融、物流、安防、司法、城市治理等领域的渗透创造了新的就业机会。突如其来的新冠病毒感染疫情对我国宏观经济带来前所未有的冲击，稳就业成为统筹推进疫情防控和经济社会发展的重中之重。在这一过程中，以人工智能为代表的数字技术在保障和创造就业方面表现出了显著优势和巨大潜能。如远程办公、在线教育、远程医疗等快速扩张，无人零售、直播带货等新模式不断涌现，既有助于经济发展，又有助于就业目标任务实现。

领英中国智库联合人力资源资讯公司怡安翰威特发布《2016 年中国互联网金融人才白皮书》显示，互联网金融行业 85% 的人才都是从其他的行业跨界而来，该行业对于高科技行业人才的吸引力最高，其次是互联网人才、金融人才，对于多个行业均显示净流入状况。调查结果显示，随着互联网金融行业的发展，行业中凝聚了计算机、金融、管理专业等人才，均为净流入状况。值得关注的是，其中有 34.8% 的人才在互联网金融行业从事的是工程或信息技术，这说明在互联网与金融的融合过程中，互联网技术人才对于互联网金融行业的发展十分重要。互联网金融的创新公司对于人才具有很大的吸引力，因为这一类公司通常会制定一些中长期的激励机

---

① 杜希双. 服务业稳定回升显韧性 新动能势头强劲蕴新机［EB/OL］.（2021 – 01 – 19）. http://www.stats.gov.cn/tjsj/zxfb/202101/t20210119_1812584.html.

制，让他们可以从公司价值的增长过程中，实现个人价值增长。

信息技术的应用在提升效率、消弱就业岗位的同时，也在创造新的就业岗位。根据信息服务业的人均劳动生产率计算，2013 年信息服务业创造的直接就业岗位 7.67 万个，2015 年新增 15.79 万个，到 2018 年直接就业岗位 25.83 万个，到 2020 年这一数据预计达到 31.43 万个（见表 7-14）。

表 7-14　四次经济普查全国软件和信息技术服务业从业人数

数字服务业	一普	二普	三普	四普
软件和信息技术服务业从业人员/万人	238.5	320.6	551	1 007
电信、广播电视和无线传输从业人员/万人	163.8	154.0	188.7	183.7
互联网和相关服务就业人员/万人	32.6	76.9	47.3	145.1
软件和信息技术服务业/万人	41.9	89.7	351.6	678.3
占全部法人单位数就业人员比重/%	1.12	1.18	1.58	2.77

资料来源：全国经济普查数据。

二、分享经济创造新就业形态

1. 分享经济特点

"分享经济"也被称为临时工经济，是指由提供各种付费差事和办公室零碎工作的在线市场所产生的大量微工作。越来越多的代理公司正在提供覆盖各行业的自由职业者，如自由职业者网站和尹兰斯奥特斯特网站，他们已为 930 万应聘的劳动者和 370 家公司牵线搭桥，国内的赶集网也在往这个方向发展。在分享经济模式下，越来越多的个体可以通过平台直接对接用户，不必再依赖于传统专业机构，这种新的组织方式被称为"大规模业余化"。在《人人时代》的作者克莱·舍基（Clay Shirky）眼中，人与人之间形成一种临时的、短期的、当下的组合，而不是一种长期契约。分享经济将进一步提升就业岗位的创造能力和就业市场的匹配能力，增加大量灵活就业岗位。分享经济的发展将有效对冲经济增速放缓、技术进步带来的就业挤压效应。

分享经济是一种新型商业模式，只有在各领域广泛应用其价值才能得到有效体现。目前分享经济的主要应用领域包括分享出行、分享金融、分享空间、分享知识经验、分享生产能力、分享生活服务、分享二手物品和公共资源等。总的来看，分享经济呈现出以下几个主要特征：

一是所有权与使用权的分离。一般来说，商品或资源的所有权和使用权是合二为一的，资源的所有者就是使用者。但分享经济让闲置社会资源得到了更充分的利用，特别是随着互联网的广泛应用和普及，资源的使用权从所有者手中转移的门槛更低，也更为便捷。所以，分享经济本质上是所有权与使用权相分离的租赁经济，在分享经济中人人都是生产者（所有者），人人也都是消费者（使用者）。

二是供给方与需求方的对接。在传统经济中，由于信息不对称的广泛存在，市场交易往往需要借助中介才能实现，这既增加了成本又降低了效率。而在分享经济活动中，中介的作用越来越局限于渠道或平台功能，无须人为介入。分享经济通过互联网平台，将海量分散的各种闲置资源迅速整合起来，利用大数据等先进技术，高效分析处理，优化供需匹配，克服了信息不对称问题，使供需双方直接"面对面"，大大降低了中间交易成本。

三是低成本与正外溢的共存。分享经济的定位是分享盈余、闲置的物品或服务，所以其成本一定是相对较低的。随着平台的逐步成熟完善，市场的进一步开放，规模效益会急剧增加，边际成本会进一步降低。此外，分享经济不仅能够节约资源，减轻环境污染，还具有较好的示范效应，影响甚至改变人们的消费理念和习惯。分享经济与各领域深入融合后，会带动相关产业的发展，具有显著的正外部性。2015年3月，传媒战略家汤姆·古德温（Tom Goodwin）在 TechCrunch 网站上发表的一篇文章中写道：全球最大的出租车公司优步没有一辆车，最受欢迎的社交媒体公司 Facebook 不制作任何内容，最有价值的零售商阿里巴巴没有任何存货，最大住宿提供商 Airnb 名下没有任何房产①。

分享经济借助互联网平台，明确了需求、扩大了有效供给，能够成为供给侧结构性改革的有力抓手，在经济结构转型升级中发挥重要作用。一是分享经济能够促进服务业发展。分享经济本身隶属服务业范畴，又能与各领域深入融合发展，从而进一步促进现代服务业发展，如前文提到的分享金融、分享空间、分享知识经验、分享生活服务等应用，与金融业、住宿和餐饮业、教育、娱乐业、居民服务等生活性服务业密切相关；生产力分享方面的应用，又能促进软件和信息技术服务业、租赁和商务服务业、

---

① 克劳斯·施瓦布. 第四次工业革命转型的力量 [M]. 北京：中信出版社，2016：21.

交通运输和仓储业等生产性服务业蓬勃发展。二是分享经济能够促进制造业等传统工业企业转型升级。仍以共享单车为例，共享单车的普及将对中低端自行车市场产生巨大冲击，共享单车企业在供应商、合作方的选择上占据绝对优势，实力弱小企业将被淘汰，进而引发自行车行业的深度调整和转型升级。三是分享经济能够使就业形式更加灵活，缓解摩擦性和结构性失业，减轻经济结构调整压力；同时能提高居民收入水平，带动消费结构的升级，从而进一步增加服务消费占比。

2. 我国分享经济现状

我国分享经济起步较晚但后来居上。相对而言，中国分享经济起步较晚，基本上是在 2010 年以后，如人人贷成立于 2010 年，滴滴出行、小猪短租成立于 2012 年。2013 年年底分享出行领域获得巨大成功，因此分享经济才真正受到关注。近两年，分享经济发展非常快。根据国家信息中心、中国互联网协会联合发布的《中国分享经济发展报告 2021》初步估算，2020 年我国分享经济市场交易规模约为 33 773 亿元，同比增长约 2.9%，整体增速较上年大幅放缓（见表 7-15）。从市场结构上看，2020 年生活服务、生产能力、知识技能三个领域分享经济市场规模位居前三，分别为 16 175 亿元、10 848 亿元和 4 010 亿元。

表 7-15　2017—2020 年分享经济市场交易额　金额单位：亿元

领域	2017 年	2018 年	2019 年	2020 年	2020 同比增速/%	2020 年交易额占比/%
交通出行	2 010	2 478	2 700	2 276	−15.7	6.74
共享住宿	120	165	225	158	−29.8	0.74
知识技能	1 382	2 353	3 063	4 010	30.9	11.87
生活服务	12 924	15 894	17 300	16 175	−6.5	47.89
共享医疗	56	88	108	138	27.8	0.41
共享办公	110	206	227	168	−26.0	0.50
生产能力	4 170	8 236	9 295	10 848	17.8	32.12
总计	20 772	29 420	32 828	33 773	2.9	100

由表 7-15 可见，分享经济不仅有效带动了社会就业、增加了居民收入，而且在解决小微企业资金困难、促进实体经济发展方面也功不可没。

3. 分享经济新就业对稳就业保民生的作用凸显

以数字技术为核心的数字生态广泛连接了海量用户，为经济社会的发展提供了有效助力，新模式、新业态不断生成，传统行业持续深化数字化转型，就业机会增多，也衍生出了许多新职业新岗位，形成了富有弹性的劳动力市场。共享经济将进一步提升就业岗位的创造能力和就业市场的匹配能力，增加大量灵活就业岗位，缓解新一轮技术产业革命下的结构性失业问题。

2020年突发的疫情冲击与就业市场持续存在的总量压力和结构性矛盾相叠加，我国就业总体形势面临前所未有的巨大挑战。国家统计局数据显示，2020年1—11月，全国城镇新增就业1 099万人，完成全年目标任务的122.1%。全面就业形势总体稳定并好于预期，离不开一系列保就业政策的实施，也得益于共享经济发展提供了大量灵活就业岗位，在拓宽就业渠道、增强就业弹性、增加劳动者收入等方面发挥了重要作用。初步估算，2020年我国共享经济参与者人数约为8.3亿人，其中服务提供者约为8 400万人，同比增长约7.7%；平台企业员工数约631万人，同比增长约1.3%（见表7-16）。

表7-16　2016—2020年分享经济参与者

年份	参与者/亿人	服务供给者/万人	平台员工/万人
2016	6	6 000	530
2017	7	7 000	556
2018	7.6	7 500	598
2019	8	7 800	623
2020	8.3	8 400	631

资料来源：根据国家信息中心分享经济研究中心数据整理。

在疫情使得线下活动受限的情况下，直播短视频、知识分享等领域强劲增长，这些领域的用工需求也随之大幅提升。数据显示，2020年春节复工后一个月内，直播相关兼职岗位数同比增长166.09%，是全职岗位增速的两倍多[1]。百度文库2020年上半年知识店铺的开店量超过4万家，直接带动近100万兼职或全职的内容创作者就业[2]。抖音平台上，2019年8月

---

[1]　智联招聘. 2020年春季直播产业人才报告 [EB/OL]. (2020-05-05). https://mp.weixin.qq.com/s/dyM1FZrqpEFwgdVsaK5Kxg.

[2]　让灵活就业成稳就业重要抓手 [EB/OL]. (2020-08-20). http://www.xinhuanet.com/local/2020-08/17/c_1126374611.htm.

至 2020 年 8 月，共有 2 097 万人通过从事创作、直播、电商等工作获得收入[①]。在生活服务领域，2020 年上半年，通过美团平台获得收入的骑手总数为 295.2 万人，同比增长 16.4%[②]。基于共享平台的新就业形态具有较高的包容性和灵活性，有助于解决重点群体的就业压力。

三、服务业数字化产生的新职业

随着新就业形态的快速发展，网约配送员、电商主播、在线咨询师等新职业不断涌现，备受关注。2019 年和 2021 年，我国先后发布了自《中华人民共和国职业分类大典（2015 年版）》颁布以来 4 批共 56 种新职业，与平台经济相关的职业，如数字化管理师、物联网安装调试员、无人机驾驶员、电子竞技员等占比超过一半。如在服务业领域，伴随着数字化转型的持续推进，横跨两百多个生活服务细分行业，出现了在线学习服务师、健康助理员、老年人能力评估师、建筑幕墙设计师、碳排放管理员、酒体设计师等诸多富有特色的新工种。新职业的出现生动体现了我国经济发展"量"与"质"的变化，不仅丰富着就业岗位的种类，而且推动着整个社会就业结构的变化。近年来我国发布的新职业如表 7-17 所示。

表 7-17　近年来我国发布的新职业

批次	时间	数量/个	职业名称
一	2019.4	13	人工智能工程技术人员；物联网工程技术人员；大数据工程技术人员；云计算工程技术人员；数字化管理师；建筑信息模型技术员；电子竞技运营师；电子竞技员；无人机驾驶员；农业经理人；物联网安装调试员；工业机器人系统操作员；工业机器人系统运维员
二	2020.2	16	智能制造工程技术人员；工业互联网工程技术人员；虚拟现实工程技术人员；连锁经营管理师；供应链管理师；网约配送员；人工智能训练师；电气电子产品环保检测员；全媒体运营师；健康照护师；呼吸治疗师；出生缺陷防控咨询师；康复辅助技术咨询师；无人机装调检修工；铁路综合维修工；装配式建筑施工员

① 中国人民大学国家发展与战略研究院课题组，抖音平台促进就业研究报告。
② 美团研究院. 2020 年上半年骑手就业报告 [EB/OL]. (2020-07-20). https://mp.weixin.qq.com/s/cMEfsTfLfvSxF88dLIw.

表7-17（续）

批次	时间	数量/个	职业名称
三	2020.7	9	区块链工程技术人员；城市管理网格员；互联网营销师；信息安全测试员；区块链应用操作员；在线学习服务师；社群健康助理员；老年人能力评估师；增材制造设备操作员
四	2021.3	18	集成电路工程技术人员企业合规师；公司金融顾问；易货师；二手车经纪人；汽车救援员；调饮师；食品安全管理师；服务机器人应用技术员；电子数据取证分析师；职业培训师；密码技术应用员；建筑幕墙设计师；碳排放管理员；管廊运维员；酒体设计师；智能硬件装调员；工业视觉系统运维员

资料来源：工信部官网。

四、传统服务业数字化升级创造就业

由图7-6可以看出，随着数字经济对服务业渗透率提高，服务业就业在总就业中的占比上升。2016—2020年，数字经济对服务业渗透率提高11.1%，服务业就业在总就业的比重上升了4.4%。

图7-6 2016—2020年服务业就业占比与数字经济对服务业渗透率关系

资料来源：根据中国信通院《中国数字经济发展白皮书（2020）》和《中国劳动统计年鉴（2020）》数据整理。

2013—2019 年，信息传输、软件和信息技术服务业城镇单位就业人数增加 38.16%，金融业城镇单位就业人数增加 53.57%，租赁和商务服务业城镇单位就业人数增加 56.52%，科学研究和技术服务业城镇单位就业人数增加 11.99%，居民服务、修理和其他服务业城镇单位就业人数增加 19.36%，卫生和社会工作城镇单位就业人数增加 39.88%（见表 7-18 和图 7-7）。

表 7-18   数字经济下服务业城镇单位就业人数变化

项目	2009年	2010年	2011年	2012年	2013年	2014年	2015年	2016年	2017年	2018年	2019年	2013—2019年增长率/%
	人数/万人											
信息传输、软件和信息技术服务业	173.8	185.8	212.8	222.8	327.3	336.3	349.9	364.1	395.4	424.3	455.2	38.16
金融业	449	470.1	505.3	527.8	537.9	566.3	606.8	665.2	688.8	699.3	826.1	53.57
租赁和商务服务业	290.5	310.1	286.6	292.3	421.9	449.4	474	488.4	522.6	529.5	660.4	56.52
科学研究和技术服务业	272.6	292.3	298.5	330.7	387.8	408	410.6	419.6	420.4	411.5	434.3	11.99
居民服务、修理和其他服务业	58.8	60.2	59.9	62.1	72.3	75.4	75.2	75.4	78.2	77.4	86.3	19.36
卫生和社会工作	595.8	632.5	679.1	719.3	770	810.4	841.6	867	897.9	912.4	1 006.2	39.88
文化、体育和娱乐业	129.5	131.4	135	137.7	147	145.5	149.1	150.8	152.2	146.6	151.2	2.85

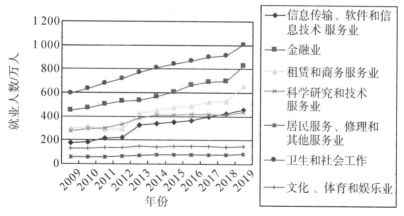

图 7-7   2009—2019 年数字经济下服务业城镇单位就业人数增长

资料来源：根据《中国劳动统计年鉴》数据整理。

就规模以上服务业企业派生服务业就业人数看，2018 年生产性服务业和生活性服务业就业人数分别达到 2 440.3 万人和 1 893.2 万人（见表7-19）。

表7-19　规模以上服务业企业派生服务业就业人数　　单位：万人

行业	2016 年	2017 年	2018 年
高技术服务业	613.3	697.5	799.3
科技服务业	485.9	599.7	969.2
生产性服务业	1 636.1	2·051.6	2 440.3
生活性服务业	1 123.9	1 188.9	1 893.2
健康服务业	100.8	117	—
养老服务业	0.8	2.0	2.5
文化及相关产业服务业	294.7	338.4	351.7

资料来源：根据《中国第三产业统计年鉴》数据整理。

五、服务业各行业数字化升级就业表现

1. 数字金融

银行现在也已经开始逐步设置智能柜员机等设备，代替繁复的人工操作。银行在推动柜面人员的转型分流，同时对于金融科技人才的需求加大。根据波士顿咨询公司研究，2027 年中国金融业将消减 23% 的标准化工作岗位；保留 77% 解决复杂问题岗位。金融科技应用提高了金融机构的运营效率，实现了规模经济，扩大了对金融高端人才需求。从金融业城镇单位就业人数变化看，2009—2018 年华夏银行就业人数复合增长率为233.28%，广发银行就业人数复合增长率为225.20%（见表7-20）。

表7-20　2009—2018 年部分股份制商业银行从业人数及增长率

年份	华夏银行	光大银行	招商银行	广发银行	兴业银行	浦发银行
2009	12 301	19 217	40 340	14 522	22 004	21 877
2010	14 304	22 267	43 089	15 939	29 214	21 877
2011	19 169	28 267	45 344	18 641	34 611	31 231
2012	22 991	31 968	48 453	21 324	42 199	33 962
2013	25 043	36 290	67 850	23 328	47 290	38 976

表7-20（续）

年份	华夏银行	光大银行	招商银行	广发银行	兴业银行	浦发银行
2014	27 657	39 015	57 133	24 485	49 388	43 654
2015	34 023	40 319	62 913	32 564	50 472	47 159
2016	58 720	42 250	65 950	35 429	54 208	52 832
2017	42 358	44 066	67 903	37 223	58 997	54 263
2018	40 997	44 982	69 987	47 235	59 659	55 692
增长率/%	233.28	134.07	73.49	225.20	171.12	154.56

资料来源：中国金融年鉴（2011—2019）。

2. 数字医疗

虽然人工智能技术在医疗领域得到了广泛应用，但数字设备并不能完全代替医生。人工医疗领域最大的不足就是它无法超越人类，无法像人类一样灵活思考和判断。人工智能在医学上的知识经验依靠人类赋予，这就决定了面对突发医疗情况和未知问题时，人工智能无法像人类那样及时分析和快速处理。因为人工智能不具备人类对问题的直观判断、情感投入等特点，所以无法在医疗领域创新创造，更不会像人类医护人员那样对病人及家属产生同情心。所以，医务人员数量不降反增。2010—2019年，我国卫生技术人员从业人数增长了72.80%，执业医师增长了62.73%，注册护士增长了117.03%，药师（士）增长了36.59%（见表7-21）。

表 7-21　我国卫生技术人员从业人数变动趋势　　单位：人

年份	总数	执业医师	注册护士	药师（士）
2010	5 876 158	1 972 840	2 048 071	353 916
2011	6 202 858	2 020 154	2 244 020	363 993
2012	6 675 549	2 138 836	2 496 599	377 398
2013	7 210 578	2 285 794	2 783 121	395 578
2014	7 589 790	2 374 917	3 004 144	409 595
2015	8 007 537	2 508 408	3 241 469	423 294
2016	8 454 403	2 651 398	3 507 166	439 246
2017	8 988 230	2 828 999	3 804 021	452 968
2018	9 529 179	3 010 376	4 098 630	467 685

表7-21(续)

年份	总数	执业医师	注册护士	药师（士）
2019	10 154 010	3 210 515	4 445 047	483 420
2010—2019 年增长率/%	72.80	62.73	117.03	36.59

资料来源：中国社会统计年鉴（2020）。

3. 数字法务

法律服务是一个以处理人类的法律关系为主要内容的行业，律师服务的对象是"活生生"的人。基于过去的案例预测方面，智能机器人比人类更有效。但解释新的法律，并预测法律的变化，更需要人类律师。在法规不断变化的领域，人类律师能够为客户提供比仅依赖公共材料的计算机程序更好的建议。律师之所以能够生存下来，不仅他们与信息来源建立了私人关系，还因为他们与客户建立了私人关系。律师事务所的律师可以将常规性研究任务交给算法，专注地与客户进行沟通，使客户感受到更多的关心。我国律师事务所数量和律师人数变化如表 7-22 所示。

表 7-22　我国律师事务所数量和律师人数变化

年份	律师事务所数量/家	律师人数/人
2005	12 988	153 864
2006	13 096	164 516
2007	13 593	143 967
2008	14 467	156 710
2009	15 888	173 327
2010	17 230	195 170
2011	18 235	214 968
2012	19 361	232 384
2013	20 160	248 623
2014	22 166	271 452
2015	24 425	297 175
2016	26 150	325 540
2017	28 382	357 193
2018	30 647	423 758
2019	32 621	473 036

资料来源：中国社会统计年鉴（2019）。

从表 7-22 可以看到，虽然法律服务中采用了人工智能法律助理，但对律师的需求量并没有减少。2010—2019 年，我国律师事务所数量增长率为 89.33%，律师人数增长率为 142.37%。

4. 数字零售

无人便利店降低了现有便利店的成本，提高了收银效率，但后期运营和维护成本并没有因此减少，其对商品管理和后台维护的成本甚至可能更高。就目前的技术而言，无人零售店的无人化主要是指用户在后期购买结算过程中的无人，但前期的补货等环节仍然需要一定的人力。零售企业年末从业人数如表 7-23 所示。

表 7-23　零售企业年末从业人数

年份	限额以上互联网零售企业/人	零售业合计/人	限额以上互联网零售企业占比/%
2012	45 461	5 752 190	0.79
2013	49 833	6 553 444	0.76
2014	78 885	6 818 878	1.15
2015	103 022	6 828 374	1.50
2016	176 323	6 976 786	2.52
2017	214 639	6 774 776	3.16
2018	200 519	6 576 341	3.04
2019	250 474	6 453 554	3.88
2012—2019 年增速/%	450	12.1	—

资料来源：根据中国统计年鉴数据整理。

5. 数字财务

财务软件也不能完全替代会计师的工作。会计的管理岗承担着企业资金规划、报表审核甚至公司融资筹资、投资并购等重要工作。在一定时期内是绝对不会被人工智能所取代的。财务作为企业生产经营中的一个环节，服务的是企业的经营管理，而经营管理的最终目的是企业的长远发展。财务人员更多地应该从事创造性的工作，识别财务流程中的优化点，加强财务管理内部的控制制度。财务人员在获取了财务机器人提供的基础数据后就可以进行管理会计的工作。比较企业财务数据与预期数据的差异，分析企业经营效益，提出合理化建议。2010—2019 年我国会计事务所数量及执业注册会计师人数变化如表 7-24 所示。

表 7-24　2010—2019 年我国会计事务所数量及执业注册会计师人数变化

年份	会计事务所数量/家	职业注册会计师人数/人
2010	697	92 702
2011	7 104	94 007
2012	7 205	95 506
2013	7 288	95 349
2014	7 316	96 320
2015	7 285	101 221
2016	7 378	102 671
2017	7 434	103 453
2018	8 674	105 892
2019	9 800	107 430

资料来源：中华人民共和国财政部会计司. 2019 年注册会计师行业发展和行业管理情况报告 [EB/OL]. (2019-11-20). http://kjs.mof.gov.cn/diaochayanjiu/201911/t20191113_3065640.htm.

6. 数字教育

数字技术可以把老师从批作业、改试卷中繁重工作中解放出来后，充分发挥其"传道"的作用。数字技术不具备心理属性，不具备同情心，不具备主动的社交能力，无法分析学生的所思所想，更不会把这些能力教给学生。因此，教师必须承担起培养学生"人文精神"的任务。线上教育突破时空限制，实现教育公平；线下教育更有利于师生交流，线上教育向线下发展，也是未来教育形态的大趋势。截至 2020 年 12 月，我国在线教育用户规模达 3.42 亿，占网民整体的 34.6%；手机在线教育用户规模达 3.41 亿，占手机网民的 34.6%。

线上教育与线下教育相结合带来用户数量和学生数量极速扩大，对教育工作者需求量不降反升。2003 年教育行业城镇单位从业人员年末人数为 1 442.8 万人，2019 年增加到 1 909.3 万人（见图 7-8）。

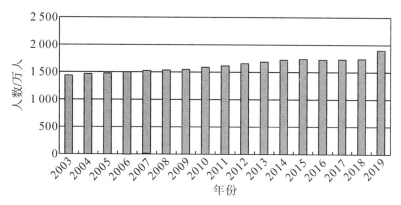

图 7-8 2003—2019 年教育行业城镇单位从业人员年末人数

资料来源：《中国劳动统计年鉴（2020）》。

第五节 服务业数字化与大学生"就业难"问题缓解

一、高等院校毕业生人数不断攀升

高校在连年扩招后，2020 届大学毕业生人数达到 874 万人，2021 届高校毕业生总规模预计 909 万人，同比增加 35 万，再创历史新高。加之新冠病毒感染疫情的影响、宏观经济下行等叠加因素，毕业生面临的就业形势严峻复杂，"就业难"问题更加突出（见图 7-9）。

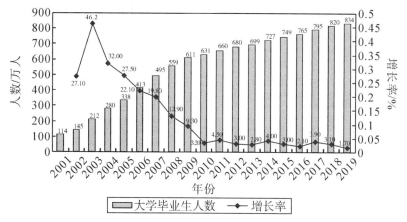

图 7-9 2001—2020 年我国全国高校毕业生人数及增长率

资料来源：《中国教育统计年鉴（2020）》。

二、服务业数字化有助于扩展大学毕业生就业空间

格鲁曼和沃克认为生产性服务业是把社会中日益专业化的人力资本、知识资本导入商品和服务市场过程的飞轮，它在相当程度上构成这种资本进入市场过程的通道①。

就目前我国制造业情况来看，存在着产业链短、技术含量低、产品初级、附加值少等问题，主要依靠廉价劳动力和巨大生产规模获取比较优势。要实现制造业的升级，最重要是实现由劳动密集型向资本、技术、知识密集型转变，只有这样才能使制造加工不断深入，在全球分工体系下延伸全球价值链在我国的产业布局，并在此基础上将生产环节进一步精细化，将更多的生产性服务业嵌入到制造加工环节当中，实现产业链条的迂回，在降低成本的同时，提高产品的技术含量与增加值，真正实现我国制造业的转型升级。制造业升级将使更多的高素质人才有用武之地，在提高产业增加值的同时增加对高素质人才的吸纳能力。劳动密集型向知识密集型的转变也将减少目前对低素质劳动力的依赖，缓解民工荒的现象。作为制造业转型升级的结果，减少对低素质劳动者的需求，同时增加对高素质人才的吸纳，这将与我国劳动力供给的结构变动相一致。因而，制造业转型升级有助于就业结构的优化。

机器人对使用不可避免地会导致某些工作岗位的流失，教育形成的人力资本是抵御冲击对天然屏障。受过高技能教育的劳动者，较容易适应技术的变化，通过工作转换找到新的就业岗位。机器人对高中以下低技能常规任务的劳动者有负面影响，对大学及以上高技能劳动者有显著正面影响，说明我国目前有"技能偏向性"倾向，并没有明显中等技能就业岗位被掏空现象。

发展数字经济有助于拓展大学毕业生就业渠道，其主要原因如下：

1. 知识密集型的现代生产性服务业适合大学生就业

大力发展现代服务业，尤其是信息、知识相对密集的产业，如金融、保险、国际贸易、电子商务、现代物流、信息咨询、电脑软件和信息服务、动漫制作、研发和技术测试服务等可为受过良好高等教育的大学生提供更多的就业机会。2019 届毕业生从事的行业中，互联网开发及应用类职

---

① H C 格鲁曼，M A 沃克. 服务业的增长：原因与影响 [M]. 上海：上海人民出版社，1993.

业不仅月收入最高，工作满意度也排在首位，是比较理想的职业之一；从事医疗保健/紧急救助类职业的毕业生工作与专业相关度最高；幼儿与学前教育、中小学教育等相关职业需求的增长可能与全面放开二孩及现代家庭对优质教育的需求有关；而随着人工智能、5G、工业互联网等快速发展，以电子竞技、在线教育培训等为代表的新兴职业也成为应届毕业生就业增长点。2019届毕业生中，有3.8%的本科生及2.1%的高职生从事"媒体/出版"相关职业，进一步分析发现，其增长主要是以直播、短视频、内容运营、新媒体策划为代表的职位需求的增长。

与数字技术相关专业的信息安全、软件工程、信息工程、网络工程连续五年成为就业的绿牌专业（见表7-25）。

表7-25　2016—2020届大学毕业生就业绿牌专业

本科绿牌专业	2016	2017	2018	2019	2020
信息安全	√	√	√	√	√
软件工程	√	√	√	√	√
信息工程				√	√
网络工程	√	√	√	√	√
计算机科学与技术					
数字媒体艺术	√	√	√	√	√
电气工程及自动化	√				√

资料来源：麦可思研究院. 2021中国本科生就业报告［R］. 北京：科学文献出版社，2020：46.

2. 数字技术为大学生创业提供技术支持

"互联网+"概念的迅速普及，让中国迎来传统产业升级的重大历史机遇，中国已经进入一个创业创新的黄金时期。"互联网+"的本质是移动商业革命，移动互联网不只是充当工具的角色，它就是产业本身。将来所有传统产业都会被移动改造、升级。在移动互联网时代，有限的用户基于兴趣爱好和需求聚合形成社区，人群精准，企业深度了解客户喜好和需求，本质上是传统领域经营哲学的升级。只需要拥抱移动互联网，利用移动端工具实现更便捷的收费，更加精准的用户定位和更深层次的用户理解，就能够实现就地转型和升级。移动互联网总体来讲是产业互联网和用户互联网，它是传统产业跟消费者互动关系的一个互联网，传统领域的创业者只要掌握了移动互联网思维和工具，选择一个特定的细分领域，建立运营体系、重度运营，一大批小而美的公司将由此诞生。

微信作为数字经济的代表性生态，不断产生新的就业形态和就业方式。2020 年微信生态衍生的就业机会增加到 3 684 万个，同比增长 24.4%。2014—2020 年微信生态就业机会的变化如表 7-26 所示。

表 7-26　2014—2020 年微信生态就业机会的变化

年份	就业机会/万个	增长率/%
2014	1 008	
2015	1 747	73.3
2016	1 881	7.6
2017	2 030	7.9
2018	2 235	10.1
2019	2 963	32.6
2020	3 684	24.4

资料来源：中国信息通信研究院 & 微信. 2021 数字就业新职业新岗位研究报告：基于微信生态观察［EB/OL］.（2021-05-10）. http://www.cbdio.com/BigData/2021-05/06/Content_6164564.htm.

2020 年微信小程序、公众平台、视频号超 60% 的主体雇佣了应届大学生。在"大众创业、万众创新"的背景下，不少大学生把目光投向门槛低的网店创业。同时，他们也希望获得更多的支持。报告表明，七成以上大学生网店店主希望政府强化网络创业就业扶持政策，还有接近四成的大学生网店店主希望在税费减免方面得到支持，三成多的店主希望政府在物流配送方面给予更多便利。2020 年视频号个人运营者和小程序个人运营者学历结构如表 7-27 所示。

表 7-27　2020 年视频号个人运营者和小程序个人运营者学历结构

学历	视频号个人运营者占比	小程序个人运营者占比
硕士及以上	12.8	5.2
普通本科	40.4	46.8
大专/高职/高级技工	27.3	32.5
中专/中职/中级技工及以下	19.5	14.5

资料来源：中国信息通信研究院 & 微信. 2021 数字就业新职业新岗位研究报告：基于微信生态观察［EB/OL］.（2021-05-10）. http://www.cbdio.com/BigData/2021-05/06/content_6164564.htm.

3. 数字经济下服务外包成为吸纳大学生就业的蓄水池

服务行业的跨国公司逐渐进入中国新开放的服务业各领域，服务外包活动也越来越多地登陆中国，从制造业外包、医药和软件开放外包到业务流程外包，大学生经过一定时期的培训，很适合从事这些行业的外包业务。2019 年，中国服务外包产业新增从业人员 103 万人，其中大学（含大专）以上学历 60.6 万人。截至 2019 年年底，服务外包产业从业人员共1 172 万人，其中大学（含大专）以上学历 750.1 万人，占从业人员总数64%。根据测算，有 40%的大学毕业生在服务外包企业工作 2~3 年后转向互联网、大数据和人工智能等领域，为数字经济强国建设提供了人才支撑。众包、云外包、平台分包等新模式不断涌现并快速发展，为年轻人特别是大学生提供了灵活就业的新渠道，推动了零工经济等新兴就业形态的发展。

《关于推动服务外包加快转型升级的指导意见》提出，要鼓励大学生就业创业，支持办好相关创新创业大赛。由商务部、教育部等联合主办的中国大学生服务外包创新创业大赛已连续举办 10 届，成为中国服务外包产业的人才储备库和模式创新的重要方式。过去 10 年间，大赛共吸引了1 600 余所院校、40 余万名大学生参与竞赛，并将影响力扩大到港澳台地区和"一带一路"沿线国家和地区的高校，先后邀请印度、柬埔寨、马来西亚、津巴布韦等国家的 80 余所高校参赛，累计为中国服务外包产业输送了近 15 万名创新人才（见图 7-10）。

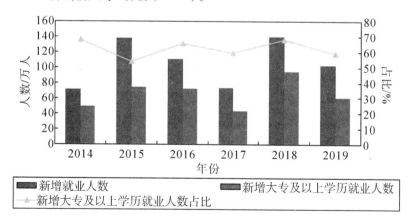

图 7-10 2014—2019 年服务外包新增从业人员

资料来源：中国服务外包发展报告 2019。

4. 部分名牌高校毕业生在数字行业分布

《清华大学2019年毕业生就业质量报告》显示，从单位所属行业看，清华大学毕业生就业人数较多的行业包括金融业，信息传输、软件和信息技术服务业，科学研究和技术服务业，公共管理、社会保障和社会组织教育等行业。毕业生第三方就业的单位以企业为主，就业人数占比69.9%，其中民企占33.4%。

《北京大学2019年毕业生就业质量年度报告》显示，就业单位行业分布在所有签订三方协议就业的毕业生中，83.13%的毕业生签约就业集中在教育、金融业、公共管理、信息传输、科学研究和技术服务等行业。

南开大学2019届本科毕业生签约较多的行业为教育业，信息传输、软件和信息技术服务业。硕士毕业生签约流向较多的是金融业，公共管理、社会保障和社会组织，信息传输、软件和信息技术服务业。博士毕业生签约集中在教育业，科学研究和技术服务业。

复旦大学的《2019年毕业生就业质量报告》显示，2019届毕业生在信息传输、软件和信息技术服务业就业人数为468人，占总数的11.9%（见表7-28）。

表7-28　重点高校大学毕业生在信息传输、软件和信息技术服务业就业状况

高校名称	本科生		硕士生		博士生		总体	
	人数/人	比例/%	人数/人	比例/%	人数/人	比例/%	人数/人	比例/%
清华大学	41	26.6	528	31.9	160	18.5	729	27.3
北京大学	33	19.64	316	17.44	48	5.70	397	14.07
南开大学	101	3.0	311	9.6	11	1.75	423	5.8
复旦大学	123	20.20	318	13.06	27	3.0	468	11.9

资料来源：清华大学、北京大学、南开大学、复旦大学《2019年毕业生就业质量报告》。

第八章　实施"就业优先"的数字经济发展战略

十九届五中全会上审议通过的《中共中央关于制定国民经济和社会发展第十四个五年规划和二〇三五年远景的建议》中再次强调了要强化就业优先政策，千方百计稳定和扩大就业，坚持经济发展就业导向，扩大就业容量，提升就业质量，促进充分就业，保障劳动者待遇和权益。实施就业优先数字经济发展战略健全有利于更充分更高质量就业的促进机制，扩大就业容量，提升就业质量，缓解结构性就业矛盾。

第一节　健全数字经济产业生态

为了以经济增长带动新增就业，应继续做大做强数字经济，健全数字经济生态系统。利用数字经济规模的扩张带动经济增长和就业需求的全面增长，推动创造更多的新增就业岗位，持续增进民生福祉，扎实推动共同富裕。为此，我们有如下建议：

一、夯实数字经济新基建

要不断夯实数字基础设施，强化数字新基建布局，力求打造集约高效、经济适用、智能绿色、安全可靠的现代化基础设施体系，为释放数字生产力奠定基础。在信息基础设施领域，加快5G和光纤宽带"双千兆"网络建设，统筹部署传感器等泛在感知设施，合理布局云计算、边缘计算等算力基础设施。在融合基础设施领域，加快传统基础设施数字化转型，推广工业互联网，打造智能化交通环境，建设泛在电力物联网，升级智慧城市设施。在社会基础设施领域，积极推进基础设施智能化转型，建设智慧学校、智慧医院等公共设施。

二、占领关键数字技术新制高点

聚焦高端芯片、操作系统、人工智能关键算法、传感器等关键领域，加快推进基础理论、基础算法、装备材料等研发突破与迭代应用。加强通用处理器、云计算系统和软件核心技术一体化研发。加快布局量子计算、量子通信、神经芯片、DNA 存储等前沿技术，加强信息科学与生命科学、材料等基础学科的交叉创新，支持数字技术开源社区等创新联合体发展，完善开源知识产权和法律体系，鼓励企业开放软件源代码、硬件设计和应用服务。

三、加快推进数字产业化

1. 提升数字产业核心竞争力

着力提升基础软硬件、核心电子元器件、关键基础材料和生产装备的供给水平，强化关键产品自给保障能力。加强面向多元化应用场景的技术融合和产品创新，提升产业链关键环节竞争力，完善人工智能、工业互联网、5G、新能源汽车等重点产业供应链体系。深化新一代信息技术集成创新和融合应用，加快平台化、定制化、轻量化服务模式创新。协同推进信息技术软硬件产品产业化、规模化应用，推动软件产业做大做强，提升关键软硬件技术创新和供给能力。

2. 加快培育数字经济新业态

推动平台经济健康发展，引导支持平台企业加强数据、产品、内容等资源整合共享，扩大协同办公、互联网医疗等在线服务覆盖面。深化共享经济在生活服务领域的应用，拓展创新、生产、供应链等资源共享新空间。发展基于数字技术的智能经济，培育智慧销售、无人配送、智能制造、反向定制等新增长点。完善多元价值传递和贡献分配体系，有序引导多样化社交、短视频、知识分享等新型就业创业平台发展。

四、推进产业数字化转型

实体经济数字化转型是数字经济融合创新发展的主攻方向。要充分发挥我国网络大国优势，加快推进工业、服务业、农业数字化转型，前瞻布局产业互联网，大力发展智能融合型产业，构筑形成网络化、智能化、服务化、协同化的数字经济新形态。

1. 实施制造业数字化转型行动计划

需要制定推广新一代信息技术发展应用关键急需的标准，推动企业上云、用云，全面深化研发、生产、经营、管理、服务等环节的数字化应用。持续开展服务型制造的示范遴选和培育推广工作，引导企业培育个性化定制、按需制造、产业链协同制造等新模式。打造系统化多层次的工业互联网平台体系，鼓励企业发展基于平台的数字化管理、智能化生产、网络化协同、个性化定制、服务化延伸等新模式。培育工业电子商务、共享经济、平台经济、产业链金融等新业态，打造"云"上产业链，培育数据驱动型企业，提升产业数字化转型能力。

2. 持续推进服务业数字化创新

加快生产性服务业数字化转型升级步伐，加快推动大数据、物联网等技术在物流、科技服务等数字化渗透较慢的生产性服务领域的应用，提升专业化、高端化、集中化水平。强化生活性服务业数字化创新，加快大数据等数字技术在生活、服务领域的应用，提高个性化、精细化水平。深入推进服务业数字化转型，培育众包设计、智慧物流、新零售等新增长点。

3. 推进农业数字化改造

加快农业生产方式智能化转型，应用物联网、云计算、大数据、移动互联等技术推动农业全产业链智能化改造升级，提高农业产业链整合水平和农产品附加值。进一步普及农业网络化经营方式，建立健全地方和行业农村电商服务体系，加快推动适应农村电商发展的农产品质量分级、采后处理、包装配送等标准体系建设。强化农业综合信息服务能力，深化农业信息服务体系建设，推广农业信息共建共享平台，全面提升农业信息化服务水平。

五、积极培育数据要素市场

要加强顶层设计，通过面向数据要素市场配置的改革，开展数据资源的确权开发，着重解决数据的权责关系、定价机制、数据质量安全隐私保护等问题。要丰富应用场景，鼓励和支持重点地区重点行业先行先试，开展数据要素的应用，挖掘数字价值，释放数据红利。

六、全面促进数字化消费

挖掘数字化消费需求，提高消费需求水平。加快发展教育培训、交通出行等线上线下融合的新型消费，将推动消费结构优化升级。丰富数字创意内容和服务，加快文化资源的数字化转换及开发利用。务实开展试点示范，提高数字化消费者的风险防范与识别能力。持续健全数字化消费政策体系，营造安全、高效、有序的消费环境。

第二节　完善新就业形态劳动者权益保障制度

一、新就业形态的优势

"新就业模式"是指通过数字经济赋能，以更加市场化、更加灵活高效、更加智能化、更加人性化的方式实现人与工作任务的连接，实现劳动力要素的优化配置。通过"平台+个人"使劳动者的时间及技能与工作任务匹配的"按需招聘"的弹性就业模式就是如此。"新就业模式"对就业的积极作用主要体现在四个方面：一是吸纳就业能力强，数字经济催生出许多新产业、新业态和新商业模式，创造大量就业机会；二是促进新消费，数字经济不仅带来消费的增长，而且围绕新消费产生了大量的工作岗位；三是提升就业效能，数字经济带来了工作世界的巨大变化，为劳动力要素的市场化配置、高效率配置提供了新动能；四是改善了工作方式与环境，更好地保护了劳动者的安全和健康。

二、新就业形态劳动者权益保障存在问题

近年来，平台经济迅速发展，创造了大量就业机会，依托互联网平台就业的网约配送员、网约车驾驶员、货车司机、互联网营销师等新就业形态劳动者数量大幅增加。目前，我国236家网约车平台，取得许可的网约车驾驶员超过351万人，外卖送餐员规模达到770万人……我国平台经济的快速发展，增加了大量的就业岗位，促进了我国就业发展，但也因此面临新情况新问题。

1. 灵活就业人员维权话语权缺失

由于平台参与者与平台之间不存在雇佣关系、劳动方式灵活、关系松

散等内生性原因，劳动者缺乏维权的协会组织和途径，最基本利益诉求得不到充分表达。

2. 工资水平停滞

在灵活就业领域，平台就业兴起为劳动者就业和增加收入提供了机会，但高度灵活的工作安排使劳动者承担更高的风险。平台企业根据市场需求向劳动者派单，设计一系列对企业有利的规则和考核标准，还有些企业要求劳动者自带生产工具。当市场需求不足时，劳动者的工作任务会减少，劳动者总收入水平下降。

3. 工作稳定性下降

随着技术和产业的迭代升级，新业态不断出现，要求劳动者必须实现技能与岗位的动态匹配，劳动者在不同职业与行业间流动性增强，增加了工作不稳定性。

网约工更换工作比较频繁，换工作频率在半年左右及以下的占11.07%，一年的占22.98%（见表8-1）。

表8-1　网约工换工作频率

换工作间隔时间	换工作频率/%
1~3个月	2.98
半年左右	8.09
1年	22.98
1年以上	65.96

资料来源：闫学平. 中国新就业形态劳动关系研究［M］. 北京：中国工人出版社，2021：158.

网约工在现有企业连续工作年限如表8-2所示。

表8-2　网约工在现有企业连续工作年限

连续工作年限	占比/%
半年以下	23.24
7个月至1年	25.73
1~2年	30.71
3年以上	20.33

资料来源：闫学平. 中国新就业形态劳动关系研究［M］. 北京：中国工人出版社，2021：158.

4. 工作强度大和劳动时间长

准时制生产企业应用劳动力更灵活，会造成劳动者被动地接受工作强度的增加和劳动时间的延长。在生活服务领域，平台就业如网约车、外卖服务等行业劳动者的劳动标准，因算法复杂、隐蔽等特征而更加难以确定。部分互联网公司在执行劳动时间标准方面不合规，正在模糊工作与生活的边界，逐步侵蚀劳动者对生活空间。

根据广东省总工会 2018 年"三新"① 领域调查数据，网约车司机平均每天工作时间 9.55 小时，每月平均休息 3.72 天；货车司机平均每天工作时间 9.95 小时，平均每月休息 4.25 天；快递员每天工作 9.96 小时，平均每月休息 3.5 天② （见表 8-3）。

表 8-3　全职外卖员的日工作时间

日工作时间	占比/%
8 小时以内	34.58
8~10 小时	33.46
10~12 小时	19.87
12~14 小时	8.59
14 小时以上	3.51

资料来源：闫学平. 中国新就业形态劳动关系研究 [M]. 北京：中国工人出版社，2021：265.

5. 传统社会保障制度的失灵

很多平台不承担劳动者缴纳社会保险的义务，劳动者只能以灵活就业人员的身份参加社会保险。交通运输部职业资格中心对全国网约车司机的调查数据显示，67.13% 的网约车驾驶员所在平台企业未为其缴纳社会保险，其中非标准就业网约车司机这一比例高达 91%。中国信息通信研究院的调查显示，通过数字经济灵活就业的年轻人社保覆盖率较其他年龄段低。在 2020 年微信生态从业者中，18~24 岁年龄段超过一半以上的人没有参加社保（见表 8-4）。

---

① "三新"指新产业、新业态、新商业模式。

② 闫学平. 中国新就业形态劳动关系研究 [M]. 北京：中国工人出版社，2021：180.

表 8-4　微信平台运营者各年龄段未参加社保人员比例

年龄	小程序个人运营者/%	视频号个人运营者/%	公众平台个人运营者/%
18~24	49.3	67.9	57.6
25~34	26.6	34.6	30.6
35~54	26.3	18.8	17.4
55 岁及以上	25.0	9.5	9.1

资料来源：中国信息通信研究院 & 微信. 2021 数字就业新职业新岗位研究报告：基于微信生态观察 [EB/OL]. （2021 - 05 - 10）. http://www. cbdio. com/BigData/2021 - 05/06/content _ 6164564.htm.

三、构建新就业形态劳动者权益保障机制

新就业模式的用工方式具有任务化、去劳动关系化的特征，面对这种变化，企业组织和相关部门都需要对传统的用工制度进行改革，探索新型劳动关系，保障各方的合法权益，强化新就业形态社会保障。

1. 明确劳动者权益保障责任

对符合确立劳动关系情形的，企业应当依法与劳动者订立劳动合同。不完全符合确立劳动关系情形但企业对劳动者进行劳动管理的，指导企业与劳动者订立书面协议，合理确定企业与劳动者的权利义务。平台企业采用劳务派遣方式用工的，依法履行劳务派遣用工单位责任。

2. 补齐劳动者权益保障短板

（1）消除就业歧视。企业招用劳动者不得违法设置性别、民族、年龄等歧视性条件，不得以缴纳保证金、押金或者其他名义向劳动者收取财物，不得违法限制劳动者在多平台就业。

（2）健全最低工资制度。政府要督促企业向提供正常劳动的劳动者支付不低于当地最低工资标准的劳动报酬，按时足额支付，不得克扣或无故拖欠。引导企业建立合理劳动报酬增长机制，逐步提高劳动报酬水平。

（3）落实休假制度。企业要科学确定劳动者工作量和劳动强度，合理安排休息办法，在法定节假日要支付高于正常工作时间劳动报酬。

（4）落实劳动安全责任制。企业要严格执行国家劳动安全卫生保护标准，建立健全安全生产规章和操作规程，配备必要的劳动防护用品，及时对劳动安全隐患进行检查，最大限度减少安全生产事故和职业伤害的发生。

（5）完善社会基本保险制度。各地要逐步放开灵活就业人员就地参加基本社会保险的户籍限制。组织未参加职工基本养老和基本医疗保险的灵活就业人员，按规定参加城乡居民基本养老和基本医疗保险。企业要引导和支持不完全符合确立劳动关系情形的新就业形态劳动者根据自身情况参加相应的社会保险。

（6）强化职业伤害保障。以外卖、即时配送、同城货运等行业的平台企业为重点，组织开展平台灵活就业人员职业伤害保障试点。鼓励平台企业通过购买人身意外等商业保险，提升平台灵活就业人员保障水平。

（7）督促企业在充分听取工会或劳动者代表的意见建议基础上制定修订平台进入退出、订单分配、报酬构成及支付、工作时间、奖惩等直接涉及劳动者权益的制度规则和平台算法。企业要建立健全劳动者申诉机制，保障劳动者的申诉得到及时回应和客观公正处理。

3. 优化劳动者权益保障服务机制

（1）创新公共就业服务方式，积极为各类新就业形态劳动者提供个性化职业介绍、职业指导等服务，及时发布职业薪酬和行业人工成本信息等。

（2）探索适合新就业形态的社会保险经办模式，在参保缴费、权益查询、待遇领取和结算等方面提供便捷的服务，做好社保关系转移接续工作。

（3）建立适合新就业形态劳动者的职业技能培训模式。对于在就业地参加职业技能培训新就业形态劳动者，符合条件的按规定给予职业技能培训补贴。拓展灵活就业者职业晋升空间，健全职业技能等级制度，畅通新就业形态劳动者职称申报渠道。

（4）在新就业形态劳动者集中居住区、商业区建立临时休息场所，为新就业形态劳动者提供工作生活便利。

（5）保障符合条件的新就业形态劳动者子女在常住地平等接受义务教育的权利。

第三节　大力发展数字职业技术教育

一、根据数字经济发展需要发展职业技术教育

根据产业发展需要发展职业教育，培训与数字工作岗位匹配的技能人才，畅通劳动力由传统行业向新兴行业的转移渠道。适应数字经济发展，加快培养全民数字技能，实现信息服务全覆盖。加大人工智能、云计算、大数据、数字营销等新技术培训力度。引导企业加强数字工作场所的职工技能培训。全面提升劳动者就业创业能力，尤其是培养劳动者的"数字技能"。加强数字技能相关标准建设。修订职业分类大典，对数字技能类职业进行标注。积极开发数字技能类新职业，制定数字技能类职业的职业标准和评价规范。

二、优化数字技术相关学科设置

加快新兴学科布局，加强前沿数字技术等相关学科建设，大力培育数字经济技术人才和应用创新型人才。优化职业技能培训，全面提升数字技能和人才分布的区域均衡性。建立健全支持灵活就业人员的职业培训政策，加强对新职业的认定，积极开展新职业技能提升行动，完善适合新业态方式职业培训补贴申领办法。加强培训教育资源共享，开发和开放大规模在线培训课程，推动5G、AR/VR、人机互动在数字化培训中的应用。鼓励共享在线培训项目和开放学习平台，与高校、科研机构合作构建智力资源池，为待业群体和欠发达地区提供学习机会。

三、完善数字职业技能培训制度

为适应经济转型要求，推动职业培训转型升级，进一步扩大培训规模。研究建立终身职业技能培训制度，提高劳动者就业创业能力。建立健全以企业、职业院校和各类培训机构为依托，以就业技能培训、岗位技能提升培训和创业培训为主要形式，覆盖全体、贯穿终身的培训体系。调动各方积极性，加快推行工学一体、企业新型学徒制、"互联网+"等培训模式。创新职业培训方式，实行国家基本职业培训制度，规范管理，提高补贴标准，增强职业培训的针对性和有效性。完善职业技能培训财政资金补

贴方式，对建档立卡贫困人口和非建档立卡的农村低保对象、贫困残疾人等符合条件人员，探索采取整建制购买培训项目、直补培训机构等方式，提升培训效果。探索建立重点产业数字职业技能培训需求指导目录制度，加大对指导目录内培训项目的补贴力度。

四、加强数字技能培训基础能力建设

统筹利用现有资源，培育一批具有数字技能培养优势的高技能人才培训基地和技能大师工作室。遴选培育一批数字技能培训优质职业院校。打造一批功能突出、资源共享的区域性数字技能公共实训基地，全面提升数字技能实训能力。

五、健全数字技能类人才评价机制

推进数字技能类人才评价工作。推进数字技能相关职业技能等级认定工作。引入数字技术，创新评价方式。完善技能人才与同等学历、职称人员享受平等待遇政策，落实积分落户、招聘录用、岗位聘任、职务职级晋升、职称评定、薪酬、学习进修、休假体检等待遇，全面加强技能人才激励工作。

第四节　构建重点群体就业支持体系

数字经济相关就业岗位呈现出的就业方式灵活、覆盖群体广泛等特征，在拓宽就业渠道、吸纳特殊群体就业方面发挥重要作用。因此，做好高校毕业生、退役军人、农民工等重点群体就业工作。

一、实施青年专项数字技能培训计划

以高校和职业院校毕业年度毕业生和其他青年群体为培训对象，以提升就业创业能力为核心，开展青年职业技能培训，增强青年群体适应产业发展、岗位需求和基层就业的能力。实施青年学徒培养计划，通过企校双师带徒、工学交替，培养适合企业发展和岗位需要的高技能人才。对城乡未继续升学的初高中毕业生开展劳动预备制培训。大力开展青年创业培训、新职业培训、技能提升培训。未就业毕业生找工作难的原因如表8-5所示。

表 8-5　未就业毕业生找工作难的原因

具体原因	受访者占比/%
文化水平或技能水平不够	28.1
缺乏工作经验	23.9
不知道找工作的方式	11.7
由于疫情，不能/不愿意去外地找工作	8.6
没有家人或亲戚帮忙	1.1.
就业形势不好，就业机会少	15.8
受户籍、性别等就业歧视	5.4
年龄增加或健康变差	0.9
不想/不愿工作	4.7

资料来源：国务院发展研究中心. 中国民生调查［M］. 北京：中国发展出版社，2021：379.

二、实施农村劳动力数字职业技能提升计划

面向农村转移劳动力、返乡农民工、脱贫劳动力，开展职业技能培训和安全知识培训。以输出地为主，组织当地农民工和返乡入乡农民工开展就业创业培训，促进其就近就业创业。以输入地为主，大力开展促进农民工就业的技能培训和新职业新业态培训，提升其就业能力。要注重对准备外出就业青年农民工的职业指导和培训工作，依托职业院校和职业技能培训机构等为其提供有针对性的培训服务，促进其职业技能提升。再就业农民工了解远程办公的程度如表 8-6 所示。

表 8-6　再就业农民工了解远程办公的程度（2020 年）　　　　　单位：%

受访者选项	总体农民工	县内农民工	县外农民工	省内农民工	省外农民工
没听说	28.7	30.5	24.6	28.9	28.3
听说，但没尝试	44.7	45.3	42.8	44.6	45.3
以前曾尝试，但现在没有	8.9	8.2	11.1	9.0	8.5
有时会远程办公	14.8	13.4	18.2	14.7	14.8
目前已在远程办公	2.9	2.6	3.4	2.8	3.1

资料来源：国务院发展研究中心. 中国民生调查［M］. 北京：中国发展出版社，2021：373.

再就业农民工对互联网平台性工作了解或经历如表 8-7 所示。

表 8-7 　再就业农民工对互联网平台性工作了解或经历 　　　　单位:%

受访者选项	总体农民工	县内农民工	县外农民工	省内农民工	省外农民工
自己目前在做相关工作	4.6	4.3	4.6	4.4	5.3
自己曾经做过相关工作	7.5	7.3	8.7	7.7	7.1
没做过，但了解一些	55.1	56.2	56.3	56.2	51.3
不了解	32.8	32.3	30.3	31.7	36.3

资料来源:国务院发展研究中心.中国民生调查 ［M］.北京:中国发展出版社,2021:373.

积极推进乡村建设所需的农业农村本地人才技能培训,培养一批农业农村高技能人才和乡村工匠。推进各类现代农业技术培训和其他涉农技术培训,提升农业农村产业发展能力和新型农业经营主体经营管理能力。

三、鼓励妇女就业和创业

数字经济为妇女获得更多就业创业机会、缩小城乡妇女发展差距、提升妇女就业创业质量带来新机遇。数字经济赋予女性就业新机遇,打破了职业性别壁垒。有需求的女性可以不必进入传统企业或组织就可以进行职业活动,同时,数字时代的斜杠女性也层出不穷,通过充分利用个人技能、经验知识和有效时间,在多元化职业中实现人生价值,实现女性就业的生涯重塑与发展。数字经济也使女性在职业发展中平衡家庭与事业的关系成为可能。数字经济新职业提供了更多贴心式家庭照料服务和更多的工作平台与空间,试图将家庭需求与职场发展需求无缝对接,避免母亲因职业发展无法全身心投入家庭照料,或者因家庭而全身退出劳动力市场。此外,女性对于消费的高度洞察力,成为以互联网为代表的数字经济创业领域的一种优势。2021 年 5 月由华中师范大学农村研究院农村妇女研究中心联合蚂蚁集团研究院、中国妇女报和中国妇女网、北京益创乡村女性公益事业发展中心发布《2021 中国农村女性就业调研报告》显示,数字化就业应强调耐心、责任心、沟通力,女性成为了绝对主力。比如贵州、陕西、山西等多个县政府引入支付宝数据标注项目,在当地招募的人工智能训练师中,62.3%为女性。蚂蚁云客服招募及培训的在线云客服,72%为女性。村淘直播主播中,53%为女性[1]。

---

[1] 2021 中国农村女性就业调研报告:数字就业机会下沉让越来越多农村女性在家门口就业［EB/OL］.(2021-05-08).http://df.youth.cn/dfzl/202105/t20210508_12923394.htm.

但是，数字经济的发展可能会造成新的问题。比如，数字平台上的灵活就业者缺乏社会保障，灵活就业一定程度上会模糊工作与生活的边界，等等。

在数字经济时代，女性迎来了更多机遇，也需要更多扶持。要开发更多适合妇女的岗位、创业项目促进就业，为数字领域企业及从业妇女提供招聘、就业对接服务；多开展普惠金融、创业培训等方面的孵化扶持，引导农村妇女发展新产业新业态，让更多妇女进入数字经济就业创业。促进更多妇女在数字经济领域大显身手，展现数字经济发展中的女性力量，首先，需要优化妇女参与数字经济发展的环境。相关部门要制定有利于灵活就业妇女生育并照顾 3 岁以下婴幼儿的家庭育儿补贴、社保缴纳补贴政策，为数字经济领域的妇女更加充分、公平、高质量就业创业提供保障和支持。其次，要注重培训赋能，提升妇女参与数字经济发展的能力。加快推进数字经济领域妇女组织建设，提升妇女数字素养。促进女性 STEM 教育，增强女性参与数字经济就业创业能力。目前，女性在科学、数学、软件和计算机等领域的参与度仍然不足，在以数字信息技术为核心的数字经济领域仍处于边缘地位。要完善女性 STEM 教育促进政策，增强女性参与数字经济就业能力，是数字经济时代提升女性就业竞争力的重要一环。最后，政府部门应对平台算法实施监管，完善监督检查机制，在发挥算法决策自主性和高效性优势的同时，保障女性劳动权益。

四、推进下岗职工再就业工作

随着我国供给侧结构性改革扎实推进，去产能问题作为深化经济体制改革的切入点。而处理淘汰落后产能和僵尸企业，必然涉及大批下岗职工的安置问题。下岗职工由于数字技术欠缺，再就业不易。数字经济时代的灵活就业为下岗职工再就业开拓了新渠道。一方面，数字经济助推下岗职工就业机会不断升级。数字经济催生出不同技能需求的岗位。伴随着新一代信息技术的快速发展，就业市场中，对专业技术或管理岗位等较高技能、高收入的岗位需求持续增加；另一方面，对保卫员、保洁员、快递员等低技能、低收入的服务性岗位需求也在增加。其中，外卖、快递、网约车这类生活性服务业，为离开流水线的下岗职工重新就业提供可能，尤其是在解决产能过剩行业工人再就业问题上发挥了重要作用。数字技术有助于实现了劳动力精准匹配，同时数字技术与实体经济深度融合，推动对危险、繁重、环境恶劣等工作任务替代技术的研究和应用，为劳动者营造安全、舒适的就业环境。此外，线上就业服务和培训平台的搭建，有利于推广降低社会就业门槛，为弱势人群进入劳动力市场创造条件。要结合失业人员特点，提供有针对性的就业创业指导、就业技能培训等就业服务，提升转岗就业技能和创业能力。

五、畅通残疾人就业通道

残疾人是我国弱势群体的重要组成部分。近年来，信息通信技术的普及应用，打破了传统的办公就业限制，为残疾人利用网络、计算机、移动互联设备等现代化技术手段开展远程办公、居家办公提供了机遇，对于激发残疾人工作意愿，打消残疾人工作顾虑等提供了极大便利，帮助有意愿的残疾人获得稳定收入，提高生活质量。截至 2020 年，中国残疾人灵活就业（含社区、居家就业）达到了 238.8 万人次（见表 8-8）。

表 8-8　2016—2020 年中国残疾人就业情况　　　　单位：万人

分类	2016 年	2017 年	2018 年	2019 年	2020 年
就业人数	896.1	94.12	948.4	855.2	861.7
按比例就业	66.9	72.7	81.3	74.9	78.4
集中就业	29.3	30.2	33.1	29.1	27.8
个体就业	63.9	70.6	71.4	64.2	63.4
灵活就业	262.9	145.8	254.6	228.2	238.8
公益性就业	7.9	9	13.1	14.4	14.7
辅助性就业	13.9	14.4	14.8	14.3	14.3
从事农业种植	451.3	472.5	480.1	430.1	424.3

资料来源：中国残疾人联合会.2016—2019 中国残疾人事业发展统计公报。

六、鼓励退役军人转网就业

退役军人是重要的人力资源，是建设中国特色社会主义的重要力量。近年来，我国退役军人就业安置政策加速由计划安置向市场调节转变。在数字经济蓬勃发展下，退役军人就业呈现出信息渠道更加通畅，各地积极开展面向退役军人的招聘信息汇集发布及组织线上招聘会。岗位拓展方面，数字经济企业激发了新增岗位需求，为退役军人就业提供了需求空间。因此，要继续结合退役军人实际和就业愿望，开展职业技能培训，推动各地对接共享优质教育培训资源，逐步实现退役军人跨省异地培训。推动各地因地制宜探索先教育培训、后入行上岗的行业合作路径。依托高校、职业院校、社会培训机构、创业孵化基地等现有资源挂牌建立退役军人就业创业园地，推动退役军人就业创业相关税收优惠政策延续。鼓励创业基地（园区）设立退役军人专区、设立退役军人创业基金，营造全社会支持退役军人就业创业良好氛围。

第五节　促进三次产业数字化就业

在当前经济新常态下，数字经济迅速发展，资本有机构成发生了新的变化。有效解决就业问题，就需要根据资本有机构成的新变化统筹谋划，针对不同行业制定精准的就业政策。

一、促进第一产业数字化就业

从整体上看，我国当前第一产业的资本有机构成呈现上升趋势，其资本价值构成提高的程度远远低于其资本有机构成提高的程度，这意味着资本有机构成的提高即社会劳动生产率提高主要是依靠物质性生产资本技术构成提高所导致的。由于劳动就业规模与资本有机构成提高具有负相关性，所以要稳定第一产业的就业规模就需要在农村农业的数字化方面下功夫，发展数字新业态，健全农村数字职业技能培训体系和农民工返乡创业支撑体系建设，为农村劳动力就业提供更多途径。

二、促进第二产业数字化就业

发展现代产业体系要以推动制造业高质量发展为重要目标。2018 年底召开的中央经济工作会议指出，要推动制造业高质量发展，坚定不移建设制造强国。"十四五"规划和 2035 年远景目标纲要关于加快发展现代产业体系的内容也是围绕推动制造业高质量发展进行的具体部署。当前我国制造业面临着竞争加剧、成本上升等转型升级的压力，亟须进行数字化改造，以实现资源优化配置和就业结构调整。首先，应加快对传统劳动密集型产业和资本密集型产业的数字化赋能，减员增效，提高行业经济效益和国际竞争力。其次，要发展高技术数字制造业，利用微笑曲线两端，吸纳更多的高端技术人才就业。

三、促进第三产业数字化就业

因为第三产业相对于第一产业和第二产业而言，对物质资本的需求相对更少，对信息资本、智能资本、数字资本的需求相对更多，这意味着科学技术进步带来的产业结构升级某种程度导致第三产业资本的有机构成降低。因此，第三产业作为数字经济时代吸纳劳动力的主渠道。要促进平台经济、共享经济健康发展，扩大就业容量，提升就业质量。要营造公平开放的市场环境，扩大市场准入范围，落实降税减负等扶持政策，鼓励中小企业利用电商平台等多种方式开拓市场，在发展中持续拓展就业空间。

参考文献

布莱恩约弗森，麦卡菲，2016. 第二次机器革命：数字化技术将如何改变我们的经济与社会 [M]. 蒋永军，译. 北京：中信出版集团.

曾令秋，王德忠，2008. 马克思失业理论与西方经济学失业理论：一个新的综合 [J]. 经济学家 (4)：73-78.

陈国志，2006. 新经济视野下的资本有机构成变化与就业关系 [J]. 福建教育学院学报 (7)：20-23.

陈心颖，2014. 技术进步就业效应行业差异量变动实证分析（1997—2012）[J]. 东南学术 (5)：81-88.

崔友平，康亚通，王晓，2013. 马克思技术进步与就业理论及我国的政策建议 [J]. 经济与管理评论 (2)：18-27.

段进朋，2005. 对美国资本有机构成变动趋势的实证分析 [J]. 西安电子科技大学学报 (6)：22-30.

方建国，尹丽波，2012. 技术创新对就业的影响：创造还是毁灭工作岗位：以福建省为例 [J]. 中国人口科学 (6)：34-44.

斯塔布，纳赫特韦，2019. 数字资本主义对生产和劳动的控制 [J]. 鲁云林，译. 国外理论动态 (3).

顾海良，常庆欣，2014. 百年论争：20 世纪西方学者马克思经济学研究述要 [M]. 北京：经济科学出版社.

韩盂盂，袁广达，张三峰，2016. 技术创新与企业就业效应：基于微观企业调查数据的实证分析 [J]. 人口与经济 (6)：114-124.

韩文龙，刘灿，2016. 当代中国马克思主义政治经济学要关注西方马克思主义经济学研究新进展 [J]. 政治经济学评论 (6)：131-156.

韩文龙，2021. 数字化新生产要素与收入分配［J］. 财经科学（3）：56-68.

何宗樾，宋旭光，2020. 数字经济促进就业的机理与启示：疫情发生之后的思考［J］. 经济学家（5）：58-68.

蒋南平，徐明，2019. 当代马克思主义资本有机构成理论的新进展［J］. 当代经济研究（4）：5-12.

卡普兰，2016. 人工智能时代：人机共生下财富、工作与思维的大未来［M］. 李盼，译. 杭州：浙江人民出版社.

兰京，2005. 我国社会主义市场经济中资本有机构成变动趋势与就业问题研究［J］. 商业经济（2）：6-7.

黎贵才，卢荻，陶纪坤，2014. 资本主义积累、阶级冲突与劳动市场失衡：西方马克思主义失业理论的模型构建［J］. 马克思主义研究（7）：68-82.

李文珍，姜园华，2002. 马克思的资本有机构成理论与我国就业的产业结构分析［J］. 生产力研究（6）：123-124.

李长安，等，2018. 2017 中国劳动力市场发展报告：迈向制造强国过程中的劳动力市场挑战［M］. 北京：北京师范大学出版社.

刘冠军，李鑫，2021. 资本有机构成变化趋势及其对就业的影响研究［J］. 中国特色社会主义研究（5/6）：62-73.

骆桢，2016. 有机构成提高导致利润率下降的条件及背后的矛盾关系［J］. 当代经济研究（8）：12-18.

马克思，2004. 资本论（中文版，第 1-3 卷）［M］. 北京：人民出版社.

邱婕，2020. 灵活就业：数字经济下的人与社会［M］. 北京：中国工人出版社.

凯斯疏勒，2019. 零工经济：传统职业的终结和工作的未来［M］. 刘雁，译. 北京：机械工业出版社.

上海市人工智能技术协会. 商汤智能产业研究院联合发布《数字化转型白皮书：数智技术驱动智能制造》［EB/OL］. http://www.cbdio.com/BigData/2021-07/07/content_6165852.htm..

石先梅，2021. 数字劳动一般性和特殊性［J］. 经济学家（3）：15-23.

史孝林，2020. 未来人工智能视域下的资本有机构成：马克思劳动价值理论面临的挑战与思考［J］. 重庆社会科学（3）：43-50.

世界银行，2017. 2016 年世界发展报告：数字红利［R］. 北京：清华大学
　　出版社.

汤琼峰，2011. 熊彼特创新增长模型中的产业转型与失业：从制造业到服
　　务业［J］. 东北财经大学学报（1）：14-20.

安东齐，2013. 欧洲国家的创新与就业：基于产业视角［M］. 肖兴志，郭
　　晓丹，郑明，等译. 北京：经济科学出版社.

王宁西，2003. 马克思的相对过剩人口理论与当前我国的失业人口问题
　　［J］. 北方交通大学报（哲社版）（12）：123-124.

王珊娜，2014. 相对过剩人口理论与当代西方国家失业问题新特点［J］.
　　中国劳动关系学院学报（5）：56-61.

吴欢，2021. 数字资本解析：结构特征与运动路径［J］. 经济学家（3）：
　　44-51.

吴易风，白暴力，2012. 马克思经济学数学模型研究［M］. 北京：中国人
　　民大学出版社.

吴易风，2014. 马克思主义经济学与西方经济学比较研究［M］. 3 卷. 北
　　京：中国人民大学出版社.

肖延方，2001. 论资本有机构成的提高对再就业的双重作用：兼论技术进
　　步和再就业的关系［J］. 经济评论（5）：18-21.

谢绚丽，沈艳，2018. 数字金融能促进创业吗？：来自中国的证据［J］. 经
　　济学（季刊）（4）：1557-1580.

杨虎涛，冯鹏程，2019. 技术—经济范式演进与资本有机构成变动：基于
　　美国 1944—2016 年历史数据的分析［J］. 马克思主义研究（6）：71-82.

张成刚，2020. 就业变革：数字商业与中国就业新形态［M］. 北京：中国
　　工人出版社.

张立伟，刘晓静，2012. 对马克思相对过剩人口理论的发展与验证：基于
　　中国就业状况的实证研究［J］. 内蒙古财经学院学报（3）：1-7.

中央编译局，2015. 马克思主义研究资料（第 6 卷）：1861—1863 经济学
　　手稿研究［M］. 北京：中央编译出版社.

朱巧玲，李敏，2017. 人工智能的发展与未来劳动力结构变化趋势：理论、
　　证据及策略［J］. 改革与战略（12）：172-177.

朱轶，熊思敏，2009. 技术进步、产业结构变动对我国就业效应的经验研
　　究［J］. 数量经济技术经济研究（5）：107-119.

ACEMOGLU, DARON, RESTREPO P, 2019. Automation and new tasks: how technology displaces and reinstates labor [J]. Journal of Economic Perspectives, 33 (2): 3-30.

ACEMOGLU, DARON, RESTREPO P, 2020. Robots and jobs: evidence from US labor markets [J]. Journal of Political Economy, 128 (6): 2188-2244.

ACEMOGLU, DARON, RESTREPO P, 2018. The race between man and machine: implications of technology for growth, factor shares, and employment? [J]. American Economic Review, 108 (6): 1488-1542.

ILO. World employment and social outlook (2021): The role of digital labour platforms in transforming the world of work [R/OL]. (2021-02-24). https://www.ilo.org/wcmsp5/groups/public/@dgreports/@dcomm/documents/publication/wcms_771672.pdf.